勇敢者的圣地
美国海军军官学校

王子安◎主编

汕头大学出版社

图书在版编目（CIP）数据

勇敢者的圣地——美国海军军官学校 / 王子安主编. -- 汕头：汕头大学出版社，2012.4（2024.1重印）
ISBN 978-7-5658-0720-6

Ⅰ. ①勇… Ⅱ. ①王… Ⅲ. ①美国海军军官学校－概况 Ⅳ. ①E712.3

中国版本图书馆CIP数据核字(2012)第066424号

勇敢者的圣地——美国海军军官学校

主　　编：	王子安
责任编辑：	胡开祥
责任技编：	黄东生
封面设计：	君阅天下
出版发行：	汕头大学出版社
	广东省汕头市汕头大学内　邮编：515063
电　　话：	0754-82904613
印　　刷：	河北浩润印刷有限公司
开　　本：	710mm×1000mm　1/16
印　　张：	11
字　　数：	80千字
版　　次：	2012年4月第1版
印　　次：	2024年1月第2次印刷
定　　价：	50.00元

ISBN 978-7-5658-0720-6

版权所有，翻版必究
如发现印装质量问题，请与承印厂联系退换

目 录

美誉深蕴

美国海军军官的摇篮 3
海军五星上将的沃土 13
勇敢者的圣地 20

总统轶事

卡特总统的光辉人生 35
布什在学院的非凡演讲 57

海军将帅

海权论鼻祖——阿尔弗雷德·赛耶·马汉 69
战争中的英雄——乔治·杜威 78
五星上将尼米兹的学子生涯 105

众人爱戴的海军上将——哈尔西 …………………………………… 126

人文科技

科幻作家——海因莱因 ………………………………………… 139
征服速度之王——迈克尔逊 ……………………………………… 145

群星灿烂

首飞太空的少将——艾伦·谢泼德 ……………………………… 153
电脑巨富——罗斯·佛罗 ………………………………………… 159
海军篮球球星——大卫·罗宾逊 ………………………………… 167

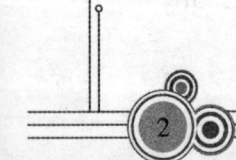

美誉深蕴

勇敢者的圣地——美国海军军官学校

美国海军军官的摇篮

美国海军学院位于马里兰州历史名城安纳波利斯,所以,该校又被称为安纳波利斯海军学校。该校始建于1845年10月10日,由当

美国海军学院

时著名的海军部长乔治·班克罗夫特创建。由于当时校园面积和规模

美誉深蕴

走进科学的殿堂

有限，仅占 10 英亩土地，所以只有 50 个学生和 7 位教授。1950 年 7 月 1 日，美国海军学院正式定名为美国海军军官学校。校园面积也由原来的 10 英亩扩大到 300 多英亩。

随后，美国海军军官学校随着历史的变迁也进行了一定的变动。美国内战爆发后，1861 年 5 月 13 日，海军军官学校奉命迁往罗德岛州的纽波特。直到 1865 年 6 月 22 日，经国会批准，海军军官学校才又迁回到安纳波利斯。1930

美国海军军官学校大门

年 10 月 25 日，美国大学联合会接纳了该校。1933 年 5 月，美国国会授权海军军官学校校长向自接纳之日起的该校毕业生授予理学学士学位。1937 年，国会又将这一荣誉泽及自该校成立以来所有活着的毕业生。该校长期以来被列入全美最著名的 50 所高校之一，成为美国著名军校的代表和骄傲。自 1976 年起，美国国会批准所有军种院校对妇女开放，海军军官学校也开始接受女性学员。从此，这所培养优秀军人的军事学院有了美丽的身影，校园也有了靓丽的色彩。目前，该校在校学员达 4500 人。女性学员一般约占新生的 15%～18%，她们与男学员攻读同样的学业课程，接受同样的职业训练。

美国海军军官学校作为一所著名的军事学府，因座落在美国马里兰州的安纳波利斯（当地的旅游胜地之一）而显得更加美丽和热闹。建在塞弗恩河流入切萨皮克湾处的海军学院，距华盛顿市和巴尔的摩市均不到一小时汽车行程。校园景色优美，环境宜人。学校里铺设着砖砌林荫大道，点缀着法国文艺复兴格调和现代风格的各式建筑。采用文艺复

勇敢者的圣地——美国海军军官学校

兴时期的风格的主要建筑物，始建于 1899 年。其后经历年扩建，已成为美国西海岸最著名的建筑群之一。1963 年，联邦政府指定该校舍为国家历史文物。每年慕名前来参观的人达 100 万以上。校园里四处可见林荫掩映下的纪念碑和雕像，象征着勇敢精神和英雄主义传统，是学院最重要的遗产之一。建筑物和道路都以杰出毕业生的名字命名，他们中的每一位都为美国海军历史和国家做出过不朽贡献。

安纳波利斯一景

美誉深蕴

美国海军军官学校规模之大、设施之全，足以用"城"或"邦"来形容。这里的军官住宅楼不设警示牌，但是都有标号：在楼前台阶的最上一级标有户主的军衔及姓名全称。学院的每条街道、每处设施都有自己的名字，譬如说，学员宿舍就被称为"邦克罗夫厅"，以纪念学院

走进科学的殿堂

的创造人、美国陆海军司令约翰·邦克罗夫。这应该是世界最大的宿舍，其走廊的总长达8公里，吸引了众多的人们去观看。

海军学院有了长足的发展。建院之初，这里还只是个占地10英亩的炮台。而现在的海军军官学校占地达330英亩（一部分是填海后新辟的土地），拥有自己的小型教学舰队、游艇俱乐部、一应俱全的教学及体育设施（有些设备胜过莫斯科奥林匹克场馆），甚至还有一座供教学之需的核反应堆。如果人们来到这里，赶上天降瑞雪，学院所有广场和街道都覆盖在皑皑白雪之下。但奇怪的是，不会看见有人出来打雪仗，也不会发现有手持铁锹铲雪的学员。人们不必惊奇，要知道，每位海军

美誉深蕴

美国海军军官学校校园一景

军官的培养费高达28.5万美元，海军当局认为让"代价昂贵"准军官们做这种"粗活"显然不合理。诸如"扫雪"这类的卫生清扫工作一

般由学院雇专门的清洁公司来打理。当然，不管刮风下雪，户外体育锻炼是必修课。这才是学员们应尽的"义务"。

海军学院经过不断的建设和发展，为人们展现了一个全新的世界著名的现代化的军事院校。

1845年美国海军学院设立在一个原来的陆军兵营上，如今它气势恢弘，校园的主要建筑物有：

（1）学员生活楼——班克罗夫特大楼。可供4000名学员生活，除学员宿舍，还有学员集会室、小教堂（天主教、耶稣教和其他宗教小教堂）、小百货商店、裁缝店、书店、理发店、修鞋店、邮局、保龄球场、快餐店、娱乐室、牧师活动中心、礼堂等设施，还有能容纳全体学员就餐的大餐厅。

（2）学员活动中心——达尔格伦大楼，其中有室内溜冰场、自助食堂、休息室和游戏室。

（3）体育场所——勒琼大楼（有1100个座位的奥林匹克规格的游泳池和跳水设施，还有6个摔跤场）、麦克多诺大楼（用途多的体育场）。

（4）自然科学楼——米切尔森大楼。

（5）数学楼——肖夫内大楼。

（6）工程学与实验室楼——里科弗大楼。

（7）现代化的教室与实验楼——马汉大楼、莫里大楼、桑普森大楼、卢斯大楼。

（8）尼米兹图书馆——藏有海军科学与历史方面的书籍65万册。馆内设有能容纳1500名读者的阅读室，还有讨论室、打字与计算室、

走进科学的殿堂

视听室、计算机终端室等。馆内还设有一个教育资料中心,负责制作与播放12个频道的闭路电视节目。海军学院俨然已经成为了一座丰富多彩的城堡。

美国海军学院在美国是令人向往的。有传闻称,来海军学院学习的多为美国富家子弟。但是,事实情况并非如此。任学院总务的主任利丁就曾经毫不讳言地说,他父母并不富裕,对他来说,只有到安纳波利斯海军学院才有机会接受上流教育。当然,进入海军学院还需要有国会议员的推荐信(必备条件)。有些学员甚至是美国总统本人举荐来的,但是这并不意味着他们有优先入学的资格。例如,某一年共有14000人报考海军学院,结果只有1200人入选。

美誉深蕴

海军学院的年青学员们

海军军官学校的秩序十分森严。在这里就读的基本上是美国中产阶级的子弟,学员们毕业后(学院的淘汰率为20%)将有可能跻身于最上流社会。该校1947年的毕业生卡特后来就成为美国总统，并获诺贝尔奖；1873年的毕业生迈克尔逊因准确计算出光速也荣膺诺贝尔奖。在学院荣誉校友册中还列有200名国会议员、500家美国大公司的总裁、三位参谋长联席会议主席、4000名将军以及54名宇航员。20%的大一学员是女生。不过校方不会因为她们是**女性**而降低要求，美国海军女兵同男兵一视同仁。

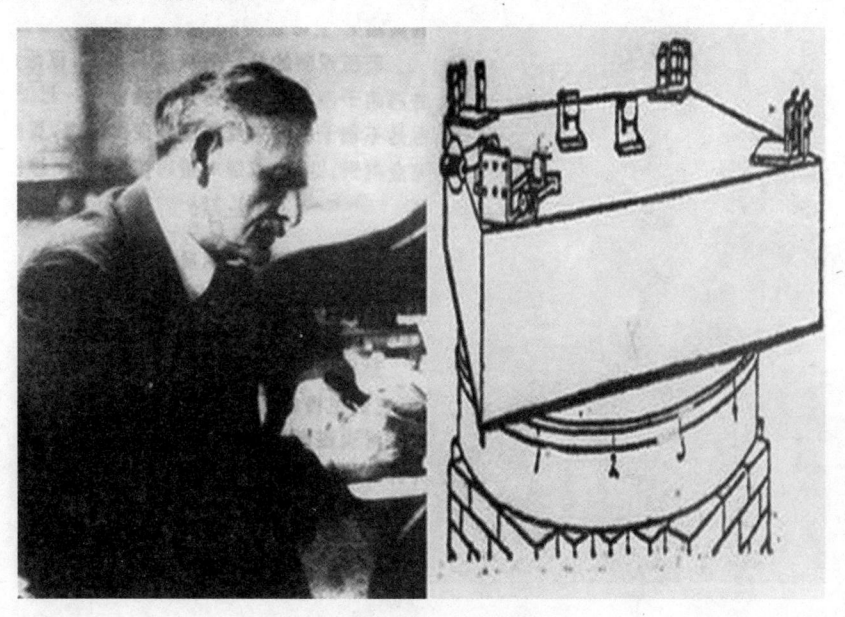

阿尔伯特·亚伯拉罕·迈克尔逊

美国海军军官学校所灌输的仍然是一些非政治性的信念：不撒谎、不偷盗、不欺骗，不纵容他人有上述非绅士行为。所以校内没有人会把自己的手提包、个人电脑和钱包藏起来。校史上只记载有一起偷盗事件：一位毕业生将一把纪念军刀带出了学院博物馆。这位学生死后军刀流落到了拍卖行，后来在中情局的干预之下才重新回归学院。校方对撒谎的处罚也很严重，学员甚至可能因为撒谎而被逐出校园。

1802年3月16日，美国国会通过了《和平时期军队建设法》，该法规定，各兵种都应建立军事学院。据此，美国陆军军官学校诞生于西点，这就是西点军校。陆军拥有西点军校后，海军一直想像陆军一样，拥有一所自己的培养海军专业人才化的学校。但苦于一没有经费，二没有地皮，幸亏后来遇上一位既有魄力又有手腕的海军部长乔

马里兰州首府安那波利斯城市一景

治·班克罗夫特。1845年，班克罗夫特力争将属于陆军的塞文堡划归海军。接着又命令候补军官都从海上返回，在塞文堡接受训练。1850年，正式定名为美国海军学院。班克罗夫特圆了海军长期以来的一个梦想，海军也破例给这位文职官员以极高的荣誉——学院中心那座规模庞大的中心建筑用他的名字命名，以让世世代代海军军官和候补军

勇敢者的圣地——美国海军军官学校

官都记住这位海军学院的创始人。纽约的西点与安那波利斯的塞文堡，是两个典型的充斥美军各军种间那种"好斗"与"老子天下第一"习性的地方。

在西点军校的教学楼和学员宿舍楼顶上，人们可以见到用黄色油漆写的大字："参加陆军"、"击沉海军"。安那波利斯海军学院则同样在醒目处写着"参加海军"、"打败陆军"。看见这些口号也许有人会大惑不解：军种之间关系这样搞如何得了。原来这是他们每年一度的美式橄榄球比赛的口号。这项两校对抗的体育运动从1890年开始，至今已延续了一个多世纪，而且其对抗与争夺愈演愈烈，每年底都有成千上万的

西点军校

人拥向费城目睹一年一度的陆海军争霸战。双方的胜败记录保留至今，

美誉深蕴

走进科学的殿堂

谁都想在新一轮赛事中战胜对手。久而久之,"打败陆军"、"击沉海军"这些球赛啦啦队的口号,竟成为两个学校与各自军种荣誉密切相连的口号。在西点军校,学员们将"陆军胜于海军"作为口头禅;在安那波利斯海军学院,人们会看到从军人商店走出来的学员,购物包装袋上都赫然印着"打败陆军"的字样。美军的另一军种陆战队,就作战性质来说本来与陆军很接近,实际战斗中也与陆军的配合非常紧密,但就因其最初出自于海军,且每年从安那波利斯的塞文堡获得军官补充,所以陆战队军官申斥部下时,总是大声说:"是回家还是去陆军?"陆军与海军是美国最老的两个军种,从建军之日起,就分别担负向外扩张的任务。陆军向北美大陆的西部拓展疆土,成为建立大陆帝国的关键性推进力量;海军则拓展美国的海外殖民地,为美国谋取世界霸权扮演重要角色。也同样从建军之日起,两个军种之间争夺战功、争夺经费、争夺人才、争夺社会地位的斗争就从未停息。西点军校与海军军官学校之间互相试图压倒对方的口号,一方面反映出陆、海军从建军伊始延续已久的矛盾,另一方面也能看到,这种旧有的矛盾,正被用来作为培养军人团队精神的新跳板,军种荣誉感由此成为了军人荣誉感的重要组成部分。当这种精神被导向扩张与夺占时,无疑就蕴含了更大的侵略性。

美誉深蕴

勇敢者的圣地——美国海军军官学校

海军五星上将的沃土

美国国会规定，美军的五星上将军衔只在战时授予。五星上将是美国军队的最高军衔，肩章上镶有五颗星徽，相当于西方其他国家的元帅军衔。美国第一次授予五星上将军衔是在1919年，最后一次是1951年。

美国五星上将的军衔标志

走进科学的殿堂

关于美军的五星上将军衔的授予和得主也存在着许多不同说法和争议,然而,美国海军学院培养出的4位军人荣获五星上将仅10人中的4个名额,不能不说是海军学院的骄傲。

关于五星上将的事情由来已久。在1944年年底,陆军部长史汀生搬出历史上曾用过的高级军衔取名为"陆军五星上将"和"海军五星上将",以避开潘兴的"陆军特级上将"。美国陆军部与与海军部联合商议解决了同一军衔下的排序问题。在五星上将中,顺序为:莱希、马歇尔、欧内斯特·金、麦克阿瑟、尼米兹、艾森豪威尔、阿诺德和哈尔西。12月14日,美国国会通过48278号公法,批准经罗斯福同意的8位为五星上将。

但这一法令规定五星上将仅是战时的临时级别,直到1946年3月23日通过的33379号公法才确定五星上将为永久军衔,使获此殊荣的五星上将都不存在退役问题,终身享有此衔。当时批准的8位五星上将,分别为海军4位:美国战时2任总统的参谋长、第一任参联会议主席,堪称"幕后英雄"的威廉·丹尼尔·莱希;海军作战部长兼海军总司令,有着"全能的上帝"之称的欧内斯特·约瑟夫·金;太平洋战区司令,有着"海上骑士"之称的切斯

马歇尔(1944年12月16日)

美誉深蕴

特·威廉·尼米兹；美国中太平洋舰队司令，有着"海上蛮牛"之称的威廉·弗雷德里克·哈尔西。陆军4位：陆军参谋长、美国参联会议主席、美英参联会议委员，有着"祖国的托管者"之称的马歇尔；美军西南太平洋战区总司令，有着"现代军校教育之父"之称的麦克阿瑟；盟军远征军最高统帅，美国第34任总统的德怀特·大卫·艾森豪威尔；美国陆军航空兵总司令，有着"美国现代空军之父"之称的亨利·哈利·阿诺德。

由于海军最高首脑的金希望斯普鲁恩斯取代哈尔西，因此海军的哈尔西的授衔未能当时就得到，致使授衔一事拖至2年之后，那已是二战结束之后的事了。因此二战期间，美军实际只授了7位五星上将的军衔。

有的人将美国陆军五星上将误认为3位，把陆军航空兵司令的阿诺德误作了二战时期的空军五星上将，倒是情有可原。个别记载也把阿诺德当成了空军五星上将。4个减去1个，自然就成了3个。其实，由于美国在二战时期没有独立的空军，自然就不可能有空军五星上将，阿诺德当时为陆军航空兵总司令，与马歇尔等同时授予陆军五星上将。有趣的是，1949年5月他又在美国空军成立2年后授衔为空军五星上将。成为兼有两个军种

亨利·阿诺德（1944年12月21日）

走进科学的殿堂

五星上将的惟一将军。有的作者,则把阿诺德当成了2个人,一累加,于是将美国的五星上将变成了10个。

也许有人会说,不是还有布莱德雷五星上将么?不错,素有"大兵将军"之称的布莱德雷,因战功赫赫,也是陆军五星上将,但是在二战结束5年后的1950年9月20日。所以,二战中美国的五星上将只能说有7位,若是换个时间限定词"二战时期"的话则可能是9个。

不论人们争论如何和如何看待及其评判,自1981年最后一名五星上将去世以后,美军将官中至今无五星上将。关于五星上将的说法人们普遍还是认为是:

在美国历史上,被授予五星上将军衔的高级指挥官总共只有10名。且只有陆、海、空军有五星上将,海军陆战队的军衔中没有这一衔级。

陆军五星上将5名,他们分别是:约翰·约瑟夫·潘兴、道格拉斯·麦克阿瑟、德怀特·戴维·艾森豪威尔、乔治·卡特利特·马歇尔和奥马尔·纳尔逊·布莱德雷。

海军五星上将4名,并且他们都是毕业于美国海军学院。另外一名五星上将是空军。

约翰·约瑟夫·潘兴

美誉深蕴

勇敢者的圣地——美国海军军官学校

这4名海军上将分别为：

威廉·丹尼尔·莱希（1875—1959年），1944年晋升为海军五星上将。1897年毕业于海军学院，参加过美西战争。1899年被派往菲律宾海军基地，镇压过菲律宾人民解放运动。1900—1901年来华参加镇压义和团运动。第一次世界大战期间担任海上运输舰舰长，战后先后任海军装备局局长和航海局局长。1937年任美国海军参谋长。1942年7月任美国武装部队司令（即总统）的参谋长，同时主持参谋长联席会议，

威廉·丹尼尔·莱希（1944年）

参与制定美国在第二次世界大战中的战略计划。1948年退休。

欧内斯特·约瑟夫·金（1878—1956年），1944年晋升为海军五星上将。1901年毕业于海军学院。1933年毕业于军事学院。第一次世界大战时，先后任驱逐舰舰长、驱逐舰分队长、大西洋舰队助理参谋长。战后曾任潜艇分队长、潜艇基地司令。"列克星敦"号航空母舰舰长、海军航空局局长。1941

欧内斯特·约瑟夫·金（1944年）

美誉深蕴

走进科学的殿堂

年2月起任大西洋舰队司令。1942年3月至第二次世界大战结束，担任海军作战部部长。

他是美国武装部队参谋长联席会议成员和英美联合参谋部成员。根据他的决定，1943年美国海军增设了反潜部队司令部。

在他的影响下，美国在第二次世界大战过程中改变了对战列舰的看法，不再把它看成是海战中起决定作用的舰种，而主张加速建造航空母舰。1945年11月退役。

切斯特·威廉·尼米兹（1885—1966年），1944年晋升为海军五星上将。1905年毕业于海军学院。第一次世界大战中任美国大西洋潜艇部队司令的参谋长。1939年任美国海军航海局局长。1941年12月，日本袭击珍珠港后，他立即被提升为太平洋舰队总司令。他是太平洋战争战略计划的主要制定者之一。1942年4月，他兼任太平洋战区总司令。取得珊瑚海海战胜利后，他调集了所属的全部陆海空兵力，在中途岛海域一举大败山本五十六指挥的日本联合舰队，取得了中途岛海域的辉煌胜利。从此，太平洋战争的主动权转到了美军手中。

切斯特·威廉·尼米兹（1944年）

以后几年，在他指挥下，美军又取得了所罗门群岛战役、巴绍尔战役、马里亚纳战役、帕劳岛、菲律宾群岛战役、硫黄岛战役和冲绳岛战役等一系列的辉煌胜利。1945年9月2日，尼米兹代表美国参加了在东京湾举行的日本投降签字仪式。1945—1947年任美国海军参谋长。

哈尔西（1882—1959年），1945年12月晋升为海军五星上将。1904年毕业于海军学院。1941年12月珍珠港事件发生后，他指挥美军对日本占领的马绍尔群岛、吉尔伯特群岛和威克岛进行奇袭。1942年4月，他指挥舰队对日本首都东京进行轰炸。10月，担任南太平洋战区司令。在此后两个月中，他指挥圣克鲁斯群岛战役和瓜达卡纳尔海战，立下显赫的战功。1944年6月任美国第三舰队司令，率领航空母舰特遣队执行空中打击任务。同年10月在莱特湾战役中，他掩护和支援美军陆上作战，搜捕和消灭日本的舰队。自1945年5月28日至9月2日（日本投降），他指挥在冲绳岛周围的最后海上战役。1947年退休。

哈尔西

走进科学的殿堂

勇敢者的圣地

美国海军学院是美国海军培养初级军官的一所重点学校。1845 年

海军学院的学员们

创办时,该校学制为 5 年,其中 3 年为海上训练。该校的主要任务是为

勇敢者的圣地——美国海军军官学校

海军舰艇部队、海军航空兵部队和海军陆战队培养各种专业的初级军官。海军军官学校的使命是："从学业、道德伦理、领导才能和体能几方面培养学员；灌输责任感、荣誉感和忠诚感；造就献身于海军职业生涯的、头脑和性格有发展潜力、有能力履行最高级指挥职责、公民职责和政府管理职责的毕业生"。

海军学院的教官在授课

进入海军学院可不是一件容易的事情。海军学院主要招收具有中等文化程度、经考试合格的17～20岁的青年。多数学员直接从高中录取，也有相当一部分来自大学或预科学校，或者来自海军部队和海军陆战队队员。学员入学条件相当严格。除了具备必要条件外，学员还须得到总统或海军部长、副总统、国会议员和某些州长的推荐才有资格入学。学校的招生委员会每年都挑选约1300名申请者入学。该校每年也从美洲

走进科学的殿堂

国家招收约 20 名学员，每个国家不超过 3 名。1975 年 10 月，国会授权该校招收女学员。目前该校在校学员达 4500 人，可以说都是精华中的精华。

申请入校者的学业成绩与身体条件必须合格。学业成绩是否合格，要由招生委员会根据申请人在中学的记录确定。除了具备必要条件外，申请入学者须得到有资格提名人士的提名推荐，并须在中学毕业前一年的春季填表申请，经招生办公室审定认为符合最低标准后，将结果告知有资格提名的人士。有资格提名推荐的人士为：副总统，参众两院议员以及哥伦比亚特区、波多黎各、巴拿马运河区、美属萨摩亚、维尔京群岛的总督或在国会中的代表或专员，以上人士总共（累计）可提名 2679 人。

海军学院隶属于海军部。校长为海军少将军衔，直接对海军部长负责，其下有 7 名助手：学员总指挥官、教务长、行政部长、管理部长、注册和统计主任、招收主任、体训主任。教学机构中设 5 个教学部，每个部下属若干个系，各系的主任分别由文职人员或海军军官担任。海军科学部主任负责指挥系、兵器系、海上医疗系；社会系与人文学部主任负责政治系、历史系和国外语言系；自然科学与工程部主任负责数学系、工程系和自然科学系。该校共有教官 600 人，分为军职和文职两类。多数文职教官从名牌大学取得博士学士，站在本学科学术前沿；军职教官来自海军部队，二、三年轮换一次，带来了部队的新的思想和信息。两类教官的数量大致相等。除本国教员外，也有外国军官来校任教。教学设施水平之高在美国大专院校中名列前茅，其中还有 1 个小型核反应堆，除各类实验室外，还有 1 个导航标图室、1 个环境科学实验室、1支拥有80艘舰只的船队和1个电子计算机中心等。这些教学设备和设施为学员的学习提供了良好的条件。

现在海军军官学校的学制为4年。在4年的学业中，学员学习军事科学、船艺和航海、海军战术、海军工程、海军武器、领导能力、道德伦理和军事法规等课程。此外，学员每年夏天都要抽出部分时间到海军基地或舰艇上去接受训练。

第一学年，新学员入校后，在暑期中首先学习着装、队列行走，逐渐从一个老百姓转变为一个军人。然后是熟悉海军和海军军官学校的基

不管刮风下雪，户外体育锻炼是必修课

本情况，了解作为新学员和学员旅成员的责任。这期间还要学习帆船和摩托艇驾驶技术。第一学年的3门军事专业课是：海军工程课（推进系统与辅助设备的功能）、海军学术课（舰只驾驶基础、战斗编组、通信

和指挥等)、领导能力课(了解未来任职部队的环境、口才表达和素质教育)。

在海军学院,一年级新生被称之为"庶民"。他们无权迈出校园半步,着装必须着军装,走道必须列队行进,他们被禁止出入各类娱乐场所,工作时间房间的门必须打开。军官及每一位老生("贵族")都有权对他们进行训导:检查他们行为举止是否符合规章制度、房间是否整洁。但是严禁"侮辱欺负"新生,或者利用他们为自己服务。

第二学年,学员有4门军事专业课程,主要是:导航课(识图绘图

学院教堂

和海洋气候要点)、海军工程课程(舰只构造和航船材料)、海军学术课(驾驶知识和雷达领航)、领导能力课程(心理学和行为理论)。暑期,学员要到大西洋舰队、太平洋舰队、地中海舰队和西太平洋舰队去

进行夏季海上训练，以熟悉海上生活、舰上的组织与相互关系和舰上武器装备以及未来的工作环境。

　　第三学年，学员离校到各个基地熟悉航空兵、潜艇、水面部队以及陆战队。此外，在这个暑期中学员有4个星期在本校上专业课与学术课，内容包括乘训练巡逻艇训练水面行动与战术；用计算机上的军事演习介绍海军战术作战，评估敌方海军的能力和美国的对抗措施；学习有关武装冲突的法律；学习演讲术。第三学年学员有6门军事专业课程，具体为：导航课（天文导航、各种坐标系统和导航三角的解法）、海军武器系统课（探测、计算、跟踪和火力控制）、海军工程课（矿物燃料蒸汽推进器、燃气涡轮机的工作原理、热力学基础）、海军电力设备课、海军电子设备课、领导能力课（职责与权限、领导艺术和机构职能）。暑期，学员到各个海军基地去熟悉航空兵、潜艇、水面部队以及海军陆战队。

　　第四学年，学员在最后一个暑期中随舰队进行海上训练，参加下级军官的海上值勤。学员要在导航、天体观测和判定舰只位置方面进行广泛的实习，并填写航行训练日志，摘要记录值班情况以及工程、航海术、导航、武器、操作和舰队基本战术方面的工作。某些四年级学员随位于夏威夷的第一陆战旅或位于加利福尼亚州彭德尔顿堡的第一陆战师作巡航，学习担任陆战队军官，与陆战队地面单位和航空兵单位中的各级军官共同工作。第四学年的课程有两门军事课：武器系统课的第二部分、法律课。毕业学员均被授予海军或海军陆战队少尉军衔。身体合格者均在海军或海军陆战队内任作战军官，身体不合格者只能任行政、后勤或技术方面的军官。按法律规定，女军官可以在辅助舰艇上任职，在

走进科学的殿堂

预计不会有战斗任务时可在任何舰艇上临时（180天以内）任职。但实际上只有少数毕业女学员担任舰上的或飞行的职务，大多数都在行政、通信、计算机、工程、水文、情报等部门任职。大部分青年军官在完成最初的一个任职期（2～4年）结束后，都可以明确地选定愿意终身从事的专业。作战军官多数选择作战职位，以求将来担任水面舰艇、潜艇、航空兵部队或陆战队作战部队的指挥官。担任海上职务的军官交替地在美国和海外、岸上和舰上、各种舰艇上或航空兵中队任职，也要担

美誉深蕴

世界上最大的军用餐厅之一，可容纳4300人

任参谋和计划方面的职务。到海军陆战队中任职的军官经过初级学校和专业训练后，将被分配到驻美国或远东的舰队陆战队的作战单位，任指挥或参谋军官，此后将交替地担任多种职务，包括不属于其专业的职务。

勇敢者的圣地——美国海军军官学校

美国海军军官学校的任务，是把普通学生培养成具有坚实的知识和技术基础、有进取心、身体强壮的海军与海军陆战队的职业军官。所以，该校对学员的要求十分严格。入校后的四年，学员生活并不轻松。

所有学员都编入学员旅。四年级的学员任学员军官。学员旅中的大小单位，从旅到排，都由学员军官担任指挥官和参谋人员。学员军官在任旅长和营、连长的军官的密切监督下，由三年级的学员协助，管理整个学员旅。

新生从每年7月初入校起，即处在不间断的监督和教导之下。对于新生来说，第一年既是考验也是培养。学校注重在严格的生活日程和繁

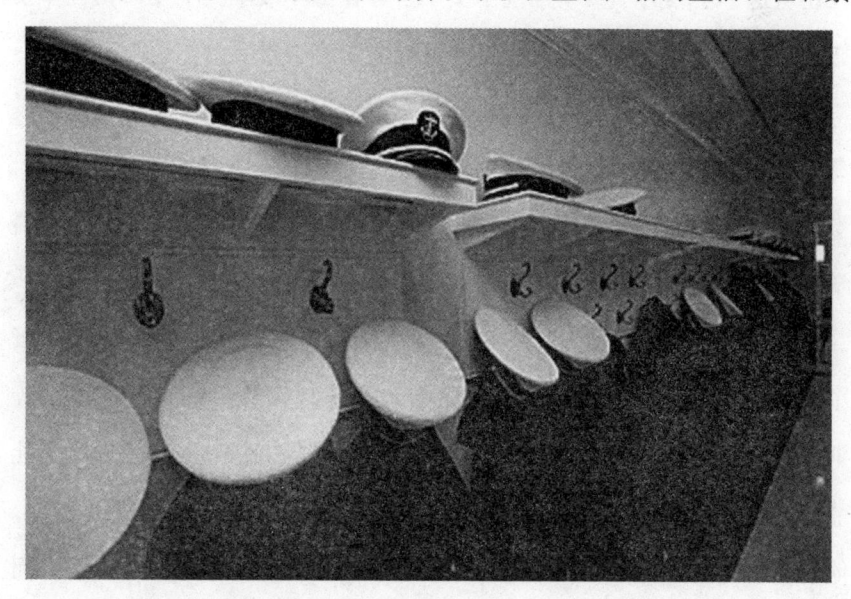

学院衣帽间

重的事务中，让学员尽快了解军队，迅速提高领导能力。学校要求每一名新学员都具有模范的军人仪表与举止，能自我约束，学会安排时间并

走进科学的殿堂

有效地工作，能在压力下高效率地完成任务，能迅速正确地判断情况并作出反应。二年级学员在暑期的海上训练中要接触海军和海军陆战队的士兵，参加各种舰上作业和值勤。三年级学员在暑期中，除用本校的训练巡逻艇进行操作和战术训练外，还要初步了解海军和海军陆战队的各个兵种，包括参观并乘坐核潜艇、现代化的驱逐舰和两栖舰只，到舰队战斗训练中心熟悉各种作战系统，乘坐海军的教练机和作战飞机，听取海军陆战队的垂直包围、两栖突击和地面作战的介绍。

新学期开始后，三年级学员有一个重要工作，就是教导新学员。学校还从这个年级的学员中挑选学员军官，在上年级学员不在时担任学员旅的指挥任务。这些任务对于培养领导能力有很重要的作用。

海军学院的毕业生可能成为海军军官，也可能会成为海军飞行员及海军陆战队员。大学三年级后将最终确定他们的分配方向。在此之前，学员们要选择自己研修的专业：军备和动力学、精确科学或者人文科学。选修人文科学的，必须精通数门外语。

四年级学员在暑期中有一部分随舰队进行训练，在舰上担任下级军官。另一部分随陆战旅进行空中与地面作战训练。还有一些人留校训练新学员。在舰上担任下级军官的学员，要熟悉舰上军官的社交礼节与习惯，参加领航和桥楼值班，并到战斗情报中心和轮机间实习。他们对舰上生活的所有方面都要了解学习，在航行中通常要随舰访问外国港口。

暑期训练结束回校后，四年级学员要担任学员军官，在实践中运用所学到的领导技能。低年级学员的军人举止仪表由他们负责指导；在检阅、典礼和日常的队列活动中，都由他们带领学员旅；学员在班克罗夫

勇敢者的圣地——美国海军军官学校

特大楼的值班也由他们组织。每个学年要在四年级学员中安排三套学员军官，使多数人都有取得领导经验的机会。其中在"授衔周"带领学员旅的（即第三套）学员军官，由司令官本人挑选。

学员的最低品德标准是"学员荣誉准则"，即不说谎、不欺骗、不偷盗。此项准则由各个"连荣誉代表"组成的"旅荣誉委员会"负责解释与执行。违反者通常是开除。但校方对学员品德的实际要求比这些内容多。学员所受到的言传身教，要求必须他们认识到共同的利益，懂得要建立一个成员之间互相关心的集体，在遇到困难时、涉及道德的选择时，要作出正确的决定。他们要学会尽自己的职责，细心地照料下级，在所有情况下都在品德领导上达到高标准。这些要求都通过军事课、学术课和体育课来培养考验。

美国海军军官学校新生

走进科学的殿堂

海军军官学校的校长是将级军官，一般为少将，在海军部长领导下工作。海军部长又授权海军作战部长对学校进行行政管理与监督。校长之下设学员总指挥官，军衔为准将，是全体学员的指挥官，负责军事教育和体育课程，并负责培养学员的责任心、荣誉感和忠诚意识，引导学员决心取得作为军校学员以及海军军官所需的高标准成绩，其目的是为学员在军事专业学科与技术上打下牢固的基础，以便将来担任海军和海军陆战队的职业军官。

海军军官学校学员毕业后根据所学专业和部队需要进行分配，毕业时授予少尉军衔，同时授予学士学位。所有身体健康的毕业生都将投身到海军和海军陆战队的广阔天地中去，身体条件不宜服役的毕业生中的大多数人将被分配到诸如情报、后勤或土木工程等部队工作。

规定在毕业后须当即接受任命，在海军或海军陆战队的正规部队中任军官，至少服现役5年。如果毕业时未被任命为军官，或在毕业任军官以后8年之内辞职并获批准，则须接受任命在海军或海军陆战队的后备役部队中任军官，从毕业时起满8年为止。如未能执行上述协议，则须以士兵衔级服。年以内的现役。若该学员出于自愿或由于行为不端未能服现役，则须将在海

美誉深蕴

美国海军军官学校毕业典礼

勇敢者的圣地——美国海军军官学校

军军官学校所受教育的全部费用（相当于第一流的民间大学学费）退还合众国；若已服规定年限的一部分，则视其未满的部分按比例计算。

海军军官学校仅是军官教育的第一步。学员在毕业授衔后的整个服役期间内会不断地接受理论的与实际的专修科技方面的课程，在数学、自然科学和工程学上的要求就比主修非科技方面的课程高得多，但不要求学外语。而主修社会科学、国际问题研究和英语就必须学外语，同时也要学四个学期数学、一个学期物理、一个学期化学。

古老而闻名的海军军官学校自1845年开始，以其丰富多彩的教学方式，为美国海军培养出了无数的优秀人才，被誉为美国海军军官的"摇篮"。

建校160多年来，7万多名男女学员成功地完成了海军军官学校的学习任务，在美国海军中愉快地胜任着各种职务，许多毕业生功成名就。海军军官学校毕业生长期以来是美国海军正规军官队伍的"骨干"和"中坚"，占美国现役军官总数的18%，毕业生服满规定的5年服役期继续留队者约占毕业生总数的60%。在海军职业军官中（通常指军龄在10年以上者），该校毕业生约占50%。他

美国海军上将乔治·杜威

美誉深蕴

们在进高一级院校深造和晋升方面，通常都处于优先地位。160多年来，该校毕业生在海军将官队伍中一直占最大比例，素有"未来海军将官苗子"之称。美国历史上著名人物和海军将领如马汉、杜威、西姆斯、尼米兹、哈尔西、勒热纳、斯普鲁恩斯、斯托克代尔、伯克和里科弗等人均毕业于该校。美国历史上第一个诺贝尔奖金获得者米切尔森和美国前总统卡特、布什亦是该校毕业生。这些人物的人生旅途都曾以此校为起点。

对海军军官学校的广泛影响，美国前海军五星上将哈尔西·菲尔德评述道："在美国，每个来自海军军官学校的毕业生，或者不是，在其军事生涯中，都感觉到了海军军官学校的影响。海军军官学校潜移默化的影响遍及整个海军。"

总统轶事

勇敢者的圣地——美国海军军官学校

卡特总统的光辉人生

吉米·卡特，1924年10月1日生于美国佐治亚州普兰一个花生农场主家庭。卡特与父亲同名，故称小詹姆斯·厄尔·卡特。他的父亲老卡特从事农业和商业，是州议会议员，非常严厉。他的母亲莉连·戈迪是个随和的妇女。1941年至1943年，吉米·卡特先后在佐治亚州西南大学和理工学院读书。1943年他又进入马里兰州美国海军军官学校学习，1946年毕业，获理学士学位，随后加入海军服役7年，直到1953年退役。

吉米·卡特

1953年卡特的父亲去世，于是他退役回家乡经营卡特农场、卡特仓库等业务，并从事政治活动。他还当过基督教南方浸礼会执事、主日学校教师。1955年至1962年卡特

总统轶事

走进科学的殿堂

任佐治亚州萨姆特县学校董事会董事长。1962年至1966年任佐治亚州参议员。在此期间还先后担任过平原发展公司、萨姆特县发展公司总经理，佐治亚州中西部计划和发展委员会以及佐治亚州改进作物协会主席等职。1970至1974年，卡特任佐治亚州州长。他以办事富有实效、积极消除种族歧视在当时南方的年轻州长中，赢得声誉。

1974年卡特宣布竞选总统，并轻易获得民主党提名。1977年，卡特经过艰苦的竞选战以微弱优势击败福特总统，成为美国第39任总统。然而，在届满一任之后，他就被选民抛弃，成为自1932年以来，首位连任不成的总统。1980年，美国选民挑选罗纳德·里根取代吉米·卡特担任美国总统，里根获得压倒性胜利，赢得超过80%的选举人票。卡特随后离开白宫，这比他原先的计划提前了4年。

其实，美国人对卡特的支持率大跌，是因为他无法解决陷入低谷的美国经济，如石油危机所带来的通货膨胀效应，以及国内失业率偏高的问题。对外方面，由开始的成功（完成中国建交、力促埃及和以色列签署和平条约），最终演变成无法收拾的烂摊子，特别是伊朗人质课题，更是导致他下台的主因。

福特总统

总统轶事

勇敢者的圣地——美国海军军官学校

与其它美国总统不一样的是，在位时，他被公认为最无能的总统之一，但下台之后，反而成为"历来最有成就的前美国总统"，完全是两种极端的评价。实际上，在任期内，他被猛烈抨击，但下台之后，民众对他的怀念程度却与日俱增，说穿了，这是因为人们事后才认识到他的无能，并不完全是因为能力问题，而是运气和时机的不恰当。一上任，卡特就针对美国停滞不前的经济问题，提出扩大政府开支以增加就业机会，以及减少税收以刺激经济成长的方案。开始时，这个方案的确恢复了美国经济的活力，但随之而来的通货膨胀和高企不下的油价，迅速吞噬了它的好处。当时的美国一年进口超过4亿吨原油，阿拉伯国家对美国采取禁运措施和西亚战争，石油价格暴涨，美国因而爆发能源危机，当时在油站等候加油的车龙长达数英里，引起了美国人的强烈不满。

卡特为邓小平访美举行招待会

总统轶事

走进科学的殿堂

至于对外国际关系，他通过邓小平访美，完成了美中建交，落实了当年尼克松与中国签定的"上海公报"，肯定了中国"一个中国"的原则，确认了美军要撤出台湾，并宣布与台湾断绝"外交关系"。

另外，他还促成埃及与以色列签署"戴维营和平协议"，承认了以色列的国家地位，表现出了很强的政治外交手腕。1978年9月5日，著名的戴维营会议正式开始，戴维营是美国总统的别墅，由海军陆战队负责管理和保卫。这个会议的出席者为埃及、以色列（西亚国家的死对头）和美国三巨头，包括当时的埃及总统沙特达、以色列总理贝京和卡特。卡特决意以个人威望，亲自调解埃及和以色列纠结数十年来的仇恨，让双方签下和平条约。在会议中，卡特施展出浑身解数，为他们详细分析国际局势，以及世界各国彼此之间的利害关系，以使埃及和以色列握手言和。双方在坐下来讨论如何缔结和平条约时，却一度扯破脸皮，又回到了对立的局面，谈判几乎破裂。会议结束之后，卡特再度发挥他的外交手腕，努力地在西亚国家之间奔走和斡旋，令以色列改变它的强硬态度和立场，进而解决了埃及和以色列在谈判中无法达共识的问题。1979年3月26日，埃及、以色列和平条约在白宫正式签字，结束了双方长期的敌对和战争状态。此项和约规定：以色列从西奈半岛撤退，双方不诉诸武力，以色列船只可以在苏伊士运河自由航行。尽管埃及和以色列的讲和，引起阿拉伯世界的激烈反对，苏联也作出谴责，但于事无补，两个实力最强的西亚国家和世界强国之间的联盟已经成立了。当时经历了能源危机的美国人民，听到这个消息非常高兴，并对卡特加以赞赏，遗憾的是，接下来发生的伊朗人质危机，造成卡特的支持率大跌，名誉扫地。

勇敢者的圣地——美国海军军官学校

卡特从1982年起在卡特亚特兰大的埃默里大学任名誉教授。卸任后回到故乡，一面撰写回忆录，一边不时接受临时使命，穿梭于国际，充当和平使者。卡特退休后陷入财政困境，当总统期间委托别人经营的花生农场破产，不得不靠写书还债，连夫人罗莎琳都要靠出版回忆录挣钱。就是在这样的情况下，卡特夫妇一起创办了卡特中心，致力于协调国际冲突。在20世纪80年代的海地危机中，尽管美国战机已经起飞，卡特仍不顾生命危险留在海地首都谈判至最后一刻，最终说服军政府交权避免流血战争。这一事件令卡特在国际上赢得了巨大的声望。然而，接下来发生的人质事件却让他名誉扫地，让出宝座。

埃默里大学

1979年伊朗爆发伊斯兰革命，人民推翻巴列维国王的政权，已故

伊朗精神领袖科梅尼凯旋归国和掌权,由于不满美国在过去一直支持巴列维,同时还以养病为由收留这位前国王,一怒之下,在同年11月4日支持一批大学生占领了美国驻德黑兰大使馆,扣留了超过60名人质,以要挟美国引渡巴列维回国。当时卡特也以强硬手段响应,包括驱逐伊朗外交官、留学生、停止进口伊朗石油和冻结伊朗在美的资产,以及实施经济制裁。不过,伊朗仍然不退缩,不肯释放人质,1980年4月22日,美国采取"蓝光行动",卡特下令以武力营救人质,派遣战斗直升机前往德黑兰突击大使馆,但此项行动出师不利,死了8名士兵,损失了8架飞机,惨败告终。"蓝光"拯救行动的失败,注定了卡特的失败,伊朗当局延迟释放人质,直至美国政府答允重新解冻它的资产,才释放那52名人质(之前已释放一些妇女和黑人)。被扣押长达444天之后,这批人质终于被释放,但美国也变天了,卡特黯然离开白宫,改由里根当总统。卡特从此注定要离开总统宝座。

下台之后的卡特,并没有沉缅在沮丧和失望当中,而是积极展开另一项工作——他相信,美国总统只是一个岗位,即使不在岗位,他仍然还有许多工作要做、可做,并且要把它们做好。

在选举中败给里根后,随之而来的是"许多深刻的反省"。由此产生了非营利性的卡特中心,其宗旨是在世界各地促进和平和改善人们的健康状况。卡特及夫人代表该中心已访问了115个国家。卡特中心于1986年10月正式开放,卡特中心里设有图书馆、博物馆、办事处,和其它计划的项目。卡特中心,提供一个针对国际性课题讨论和研究的平台,卡特邀请世界公认的专家聚集在一起讨论和研究,如西亚和平问题、拉丁美洲民主问题、美苏关系、人权问题、全球健康、环保及解决

勇敢者的圣地——美国海军军官学校

冲突等等国际关注的重大问题。除此之外，卡特中心也推动卫生计划，协助消灭多种寄生虫病，如龙线虫关节炎和蟠尾丝虫症，同时也协助多个非洲国家的农业发展和经济成长。

卡特中心

告别领袖政坛的卡特还不遗余力地推动西亚和平进程，劝说朝鲜已故领袖金日成与韩国公开对话；率领代表团游说海地领袖交出权力；调停波斯尼亚的停火协议。

同时卡特也成为第一位访问古巴的美国离任总统，并与卡斯特罗会谈，对促进美国和古巴的关系上起了积极的作用。在历史上令人称道和怀念。卡特是于2002年5月12日上午抵达哈瓦那，开始对古巴进行为期6天的访问的。卡特访问古巴并与卡斯特罗举行会谈，是自1959年古巴革命胜利以来，美国历任总统中访问古巴的第一人，为改善美古关系起到了积极的作用。

总统轶事

41

走进科学的殿堂

在哈瓦那机场举行的欢迎仪式上,卡特得到了古巴国家对现任国家元首才能给予的待遇——铺设红地毯、乐队演奏古美两国国歌。古巴国务委员会主席卡斯特罗亲自前往机场迎接,并为卡特准备了一台老式苏联制吉尔牌轿车。卡斯特罗戏言这辆车大概已经有 100 岁了,但它是古巴最舒适的车。在访问过程中,卡特还得到了许多国家元首没有得到的待遇,他的演讲在古巴全国范围进行现场直播,还被允许"到任何地方,见任何人,包括持不同政见者"。场面气势恢弘,营造了一个难得的温馨的氛围。

古巴与美国关系"紧张"由来已久。早在 1959 年古巴革命以来,美国就一直视古巴为扎在其后院的一根"毒刺",断绝了与古巴的外交关系,对古巴实施经济封锁,禁止国人赴古巴旅游,并在国际事务中处处发难。75 岁的卡斯特罗已经与 10 任美国总统进行了交锋,在他们中间,卡特政府被认为是在对古巴政策上最"怀柔"的一届政府。1977 年,卡特解除了美国人赴古巴旅游的禁令,后被里根政府恢复;卡特政府还与古巴政府就捕鱼权和海上边界划分达成了协议,并促成古巴释放

总统轶事

卡特(右)在古巴首都哈瓦那何塞·马蒂机场与古巴总统卡斯特罗亲切交谈。

42

了3600名"政治犯"；古美在两国首都互设了利益办事处。两国紧张关系有所缓和。

此次卡特访问古巴也牵引了许多的政治因素和国际国内影响。

早在1986年卡斯特罗在委内瑞拉与卡特会见时向他发出访问邀请，2000年在参加加拿大前总理的葬礼时再次发出邀请。有人认为，卡斯特罗对卡特的邀请只是"作秀"。但卡斯特罗说，这是对卡特在总统任内对古巴"友好态度"的认可。

卡特总统卸任后积极参与调停国际冲突，被称为"最有成就的美国前总统"。卡特在访古前夕表示，他不会充当美古间的调停人，但各方对卡特的访问期望颇多。

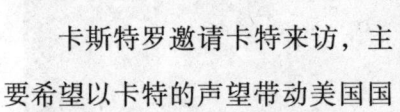

美国前总统卡特在古巴观看棒球比赛，赛前与队员握手

卡斯特罗邀请卡特来访，主要希望以卡特的声望带动美国国内要求改善古美关系及取消对古经济封锁的呼声。另外，美国媒体对此次访问的关注至少也能使美国人了解到一部分真实的古巴，消除一些人在人权、恐怖主义问题上对古巴的误解。

在美国国内，一些人希望他的访问能推动美国政府逐步解除对古巴的经济封锁。另一些人则与布什政府一样，希望卡特重点关注卡斯特罗

走进科学的殿堂

的"人权记录",包括言论和集会自由、民主选举和"政治犯"问题。

卡特访问古巴,最担心的是反卡斯特罗的古巴裔美国人群体。他们认为,卡特在任内就是对古巴最怀柔的一位总统,卸任后又一直反对对古巴的经济封锁,他的访美势必推动古巴与美国关系的正常化。卡特在古巴的言论印证了这些人的担心。卡特所到之处,虽然没忘了宣传美国的民主价值观、市场经济,但更引人瞩目的是,他对布什政府对古巴的政策提出质疑。卡特不认为古巴正在研制生物武器,反而对古巴的医疗成就"印象深刻"。他说,现在卡斯特罗已经发出邀请,任何怀疑古巴搞生物武器的人都可以来调查,"我希望他们能利用这一机会"。

总统轶事

美国前总统卡特访问古巴,与卡斯特罗交谈

随后,卡特在哈瓦那大学发表演讲时说,"42年来,我们两国陷入

勇敢者的圣地——美国海军军官学校

一场有害的敌对状态中，现在到了应该改变的时候了"。作为更为强大的国家，"美国应该迈出改善关系的第一步"。

　　布什政府立即对卡特的言论表明态度。布什本人表示，卡斯特罗是一个"独裁者"。白宫发言人弗雷舍则对政府官员近期的言论进行了辩解，他说这些官员们一直"担心"古巴可能向一些敌对美国的国家输出了生物技术，但从没有说过"掌握确凿证据"。他还表示，研制生物武器的证据本来就"难以查实"。在被问及卡特访古是否对美国有益时，弗雷舍说，卡特是以私人身份访问古巴的，对美国有益的是让卡斯特罗了解"世界希望古巴让自己的人民获得自由"。

　　卡特这位民主党前总统与现任政府间的矛盾深刻体现了美国国内在对古巴政策上的意见冲突。一些议员也表示，卡特的言论是对"信任的伤害"，卡特应该"向处于困苦之中的古巴人民倡导积极的变化，而不是让卡斯特罗合法化"。

卡特访问古巴

　　对于卡特的古巴之行，美国政治界一开始就有许多反对者，其中以共和党议员居多。共和党众议员林肯·巴拉特和伊利那·莱蒂农就曾写信给布什，要求阻止卡特访问古巴。莱蒂农说，"如果人们相信前往古巴旅游能够带给古巴人民靠近民主，这等于相信圣诞老人和复活节兔

总统轶事

子";卡斯特罗是不会改变的,卡特的访问将是"白忙一场"。不论如何,对于世界和平发展来讲,卡特的私人访问是具有国际意义的。

卡特对中国有一份特别的感情,离开白宫之后,他前后6次前往中国访问,并推动中国的乡村成长。在他的协助下,中国政府进行义肢生产,同时也参与了中国特种教育师资的培训,并且为中国农村基层选举的程序化提供技术。

积极在全球奔走的同时,卡特也没有停止写作,他在1975年就已经出版了自传《为什么不是最好的?》,后来又陆续写了《一个与其人民一样诚实的政府》(1977年)和《保持信心,一个总统的回忆录》(1982年)。1980年至今,他又出版了16本书,其中记载他童年回忆录的《天亮前一小时》,不仅成为全美畅销书,同时其高超的文学水平还入选普立兹奖。

卡特作品《为什么不是最好的?》

卡特对中国拥有深厚的感情,是完成美中建交的大功臣,但对台湾来说,他却是切断美国与台湾邦交的人。

1978年12月15日,在毫无预警的情况下,卡特宣布美国将于明年与中国建立邦交,并中止与台湾的邦交。他的决定一度让台湾陷入前途茫茫的恐慌之中,伤害了美国与台湾的感情,特别是卡特在竞选总统时,曾有台湾旅美留学生为他助阵,还写了一本书,书名就叫"花生总统卡特",向台湾人介绍这名"亲台"的总统。

谁知,日后美国和台湾的断交也是因为他的决定,当时的台湾人还一度以花生来泄愤。不过,在美中两国的联合公报中,特别加入一项保证美国与中国的新关系不会损害台湾人的幸福的条款,同时也列明美国日后将通过非政府途径同台湾人保持已有的商务、文化和贸易关系。为了继续维持美国与台湾人民的关系,美国国会制定了"台湾关系法",作为美国行政部门处理对台湾关系的依据。

1999年3月29日,在美和台断交20年之后,卡特第一次踏上台湾的土地,在台北的一场演讲中,他回顾与中国建交的历史,仍然认为这是他"一生中最重要的决定"。他说,此举不但缓和了当时区域的紧张状态,同时也让北京改善了人权,另外,台湾也从戒严走向民主,两者之间的关系得到改善。他认为,这是一个难得的成功故事,同时故事还未结束,让他既感高兴的同时,也感到骄傲。

1999年3月30日,美国前总统卡特及夫人参观在台北故宫博物院展出的三星堆文物。

2002年10月11日,挪威诺贝尔委员会在奥斯陆宣布,把2002年诺贝尔和平奖授予美国前总统卡特,以表彰他为促进世界和平所作出的

走进科学的殿堂

努力。诺贝尔和平奖评委会指出："为和平解决国际争端、发展民主和人权、促进经济和社会发展，卡特多年来做出了不懈的努力。""卡特始终坚持在国际法的基础上，尽可能通过国际间的调停与合作解决争端。"

除了担任国际和平协调人的角色之外，卡特与夫人还积极为全球范围内的无家可归者启动住房工程，常常不顾年事已高，亲自参加施工为无家可归者搭建福利房。

退出政坛后，卡特过得丰富充实，从事志愿工作、外交斡旋和著书，他说，与他当总统的年代相比，他现在的收获更多。正如卡特亲口所讲："你可以想象，这一过渡并不容易。但我们都认为，普莱恩斯是我们的家，也是我们想要呆下去的地方。我不想再去竞争公职，因此，我们开始考虑如何利用我们多年来获得的技能和经验，来处理那些对我们来说一直至关重要的问题。"

可是，卡特的退休生活并不十分平静，毕竟是经历了人生的一次大的失落。过去 20 多年来，他和他的妻子罗莎琳整日忙忙碌碌：他们从事志愿工作，自由外交活动以及著书立说、观察鸟类、慢跑、绘画、木工活和宗教工作等个人计划。卡特出版了一本小书《老龄的优势》。他在接受《基督教科学箴言报》的一次采访时说，退休提供了"数量无限的"选择和探索这些选择的自由。

卡特夫妇积极参与"人类住房"计划，这是一项为低收入家庭提供支付得起的住房的世界性工作。他每年至少用一星期的时间，与年龄比他小得多的木匠人一起，挥锤拉锯做木工活。他们将大部分的时间和精力都投入了"人类栖身地"问题。

"是一天看 8 小时电视或一周打 3 次高尔夫球吗？或是接受冒险性的挑战吗？我的经验是，每当我做了某件事，而我认为这是为了他人的利益所做的牺牲，那么它就是我最大的幸福。"卡特说，退休生活应是令人愉快的，但不应狭义地去理解愉快。

美前总统卡特助四川灾区建住房

卡特还说："当今世界最大的歧视莫过于富人对穷人的歧视。"他补充道，他所谓的"富人"，指的是有饭吃，有房住，受过适当的教育，有得体的医疗保健和对未来抱有些许希望的人。他说："我们无意歧视他人；我们可能是善意的。但你们的读者中有多少人与穷人家庭熟到可以串门的地步呢？能去喝一杯咖啡吗？知道他们的处于青春期的子女的名字吗？或者，更难做到的，邀请他们来（读者）自己的家吗？我们关心穷人，我们去教堂，我们谈论他们，但我们真的伸出过援助之手吗?"

　　1980年竞选联任失败后，卡特便将其精力转向骄阳烤焦的非洲平原。在那里，卡特中心的计划向贫困的农民显示如何大幅度提高作物产

卡特参与搭建福利房

量；转向赞比亚和尼加拉瓜等地的羽翼未丰的民主政权，在那里，卡特中心的工作人员监督首次民主选举；转向海地、北朝鲜及其他热点地区的紧张谈判，在这些地方，卡特以不流血的方式化解冲突；转向瘟疫肆虐的第三世界的穷乡僻壤，在那里，卡特的医疗计划送走了为害数百年的瘟神；转向美国城市的贫民窟，在那里，复兴计划正在寻求解决难以解决的灾难；转向人民的内心深处，卡特的妻子和志同道合的同事罗莎

琳·卡特正在努力消除人们对精神病患者的侮辱。

自1984年以来，卡特允许国际人类栖身地组织以他的名义实现年度吉米·卡特工作计划。卡特每年抽出一个星期，穿上蓝色牛仔裤，系上木工围裙，为穷人盖房造屋。

如果在卡特离职后他的生活有主旋律的话，那就是富人和穷人以及他们之间的鸿沟。这样一个人，他的名字让人联想起当年加油站前的长队、人质危机和直线上升的通货膨胀。许多学者现在认为，这些悲剧并非他一手所造成，尤其近年来却成为与这些悲剧完全不同的事物的象征。卡特使人对前总统刮目相看，独辟蹊径成为全球基层人道主义活动家及世界和平缔造者。一些人说，卡特已达到了圣雄甘地、艾伯特·施韦策或德肋撒嬷嬷的精神境界；特别是在第三世界，卡特倍受尊崇。任何一天都有纷至沓来的本国及其他国家的领袖、政要显贵和活动家们，在他的办公室倾听他的意见，汲取他的智慧。

圣雄甘地

卡特的所有努力都只为一个目标：缩小贫富间的差距。卡特说，这就是"人类栖身地"的真谛：伸出援助之手。当我们了解了卡特参与"人类栖身地"的活动，便可在很大程度上了解这个人。毫无疑问，

"人类栖身地"中有信仰因素。这一形成于1976年,以基督教精神为基础的计划利用了"锤子神学理论",以使耶稣基督(他本人其实就是一个木匠)的福音付诸实施。卡特可能是名气仅次于比尔·克林顿的南方浸礼会教友。他对"信于心,见于行"这一思想坚信不移(卡特一针见血地指出:"《圣经》说,信心没有行为是死的。")。

但是,他也被"人类栖身地"的接受所有人的"大帐篷"神学理论所吸引。这一理论欢迎所有人去建房工地,无论是志愿者还是房屋拥有者,不管来者持何信仰或信条,或是无所信奉者。这正好符合卡特自己逐渐形成的普世教会主义思想,这一思想见于《活的信仰》一书。这是自担任美国总统以来他撰写的13本书(包括诗歌和一本儿童读物)中的一本。这本书记述了多年来基督教信仰支持他的力量。他说,所有的信仰传统都基于相似的原则,都应受到尊重,这种观点在"人类栖身地"工作场所中得到了充分体现。

根据《活的信仰》记载,在许多方面卡特有个理想的童年:充满教会训诲和应干的零杂活、对父母无比忠诚,以及礼拜日家庭大聚会上饱尝炸鸡和土豆泥。但是,在此之外,不可逾越的偏见却阴魂不散。卡特逐渐将这一鸿沟视为阿彻里黑人和白人挂在脖颈上的一块"磨石"。唯一敢于跨过这一鸿沟的人是他的母亲莉莲。她是名注册护士,曾以朋友和乡村医生的身份为她贫苦黑人邻居服务。这些邻居支付的报酬是鸡或鸡蛋。藐视种族隔离常规使卡特的母亲有"古怪"的名声。卡特的母亲后来在70多岁时效力于派往印度的和平队。卡特说,她的影响是促使他将人权作为他担任总统时对外政策基石的原因之一。这一政策的高潮是1979年签署《戴维营协议》,即具有历史意义的埃以和平计划。

他母亲的影响帮助并促进了他目前在卡特中心的工作：在世界各地倡导和保护人权。他说，这一影响是他倡导"人类栖身地"的因素，该计划通过使富人和穷人同处一地，使他们发现彼此的基本人性，从而跨过了鸿沟。

20世纪80年代初的一天，卡特为希腊东正教大主教雅科沃斯举行的庆祝活动上讲道后，在纽约市内慢跑时决定经过一个正在施工的"人类栖生地"工地。这是一幢有19套公寓的建筑。他看到一群志愿者（主要是大学生）不知所措地站在横七竖八的木料中。卡特为他们"感到可怜"，并不经意地提到他和罗莎琳应该抽空帮帮他们。

卡特说："还没等我弄清怎么回事，我们设法搞了一辆福特牌面包车，把我们6个人从佐治

芝加哥一景

亚拉到纽约。"6个人最终扩大到50人，福特牌面包车也换成了路径长途汽车公司的大客车。那年，卡特和其他志愿者一起睡在地板上。第二年，他回来完成了那公寓计划。自那以后，15年来，他每年在美国各地参加各种建房计划，去过芝加哥和迈阿密，1997年去了肯塔基州阿巴拉契亚山脉的工地，以及在墨西哥的蒂华纳、加拿大和匈牙利的海外工地。志愿者的人数逐年大幅增长。1999年，在完成休斯敦创纪录的

项目后，卡特将前往菲律宾帮助盖房建屋。

与盖房建屋同样重要的是媒体的关注，它可以将为贫困工人（"人类栖身地"的目标群体）提供经济住房的话题摆到桌面上。卡特说，这一计划得到广泛认可的部分原因是，它是不分党派的，民主党人和共和党人都可以在计划的理论中找到共同基础：帮助穷人的社会行动，与此同时，避免令人忧虑的"不花力气而坐享其成"。

卡特说："我们通过平等相待向人们显示，我们是他们的伙伴。这不是慈善行为，不是施舍。"也不搞铺张奢华，这些房屋朴实无华，没有家具，但主要设施一应俱全，有草坪和简朴的花园。卡特与其他志愿者一样，遵守严格的工作时间表。他说，每次项目竣工都令大家激动不已。他经常流淌眼泪。卡特说，"第一天晚上我们和人们见面时，几乎没有人相信到周末时会拥有自己的住房。他们不敢相信，因为政府和其他人让他们希望落空的次数太多了。"

事实证明，卡特对这一计划的支持意义不可估量。22年前创立的"人类栖身地"已成为传奇。当时，富勒是位拥有百万资产的年轻企业家。在琳达因他的工作狂离他而去后放弃了自己的工作，倾其所有捐给穷人。俩人破镜重圆后，搬到了佐治亚州阿梅里克斯附近基督教社区科伊诺尼亚 5 农场，在那里播下了他们为穷人盖房的思想种子。今天，"人类栖身地"国际计划已在50多个国家建造了60000所住房。它已跻身于美国住宅建筑商20强之列，并且是规模最大的非盈利性住宅建筑组织。他说，卡特为这一使命注入了新的活力。

"他使这项工作引人注目并获得信誉，"富勒说。"他使人们再也无法借口推辞。因为，如果一位前总统肯花一个星期从事劳累的体力劳动，其他人又怎能说自己太忙了呢？"

卡特今天得到的爱戴和尊敬反映了他的形象已与1984年大不相同。那时他仍然未能摆脱他当总统时的阴影，被要求在电视黄金时段报道民主党全国代表大会时不要出现。马克·罗泽尔是美国华盛顿特区美利坚大学的政治学教授，撰写了大量关于卡特重塑形象的著作。他指出，时间证明对卡特的总统后遗症有良好疗效。罗泽尔说，这在某种程度上归因于人们的事后认识。

罗泽尔说，面对里根政府的伊朗门事件及其他"小"失误，批评卡特任总统时"微观管理"不利的声音降低了；同样，对于卡特过分坚持原则当不了好总统或至少太坚持原则而不轰炸伊朗（伊朗在卡特争取连任竞选失利后，最终释放了它扣留的50名美国人质）的指责，在近来华府麻烦不断的道德氛围中显得十分可笑。

克林顿总统不止一次在外交

美国前总统克林顿

政策出现燃眉之急问题时将卡特作为可信赖的顾问会见他进行磋商。罗泽尔说，改变的不是卡特，他还是老样子。或许，卡特更适合外交使命和利他主义行动，不适合与国会为了妥协而讨价还价。此外，卡特坚定的基督教信仰在20世纪70年代他任职期间使他有些奇异。他的信仰没有一丝虚伪或利用别人的想法。

　　的确，要想全面地认识卡特，必须了解他的信仰。卡特的一言一行都源于信仰。作为普莱恩斯的马勒纳瑟浸礼教会。成员—保守派逐渐占上风的南方浸礼会的温和派—卡特教颇受欢迎的主日学课，通常可以吸引来自世界各地数以百计的来访者。他授课的特点是采取相互交换意见和问答的方式，（像"人类栖身地"一样）寻求将《圣经》的真谛应用于现实世界。

　　卡特可以像最善于引用《圣经》的人一样得心应手，他也研究那些博学的神学家。阅读《活的信仰》，你会发现一个冥思苦想上帝的人。他得出的结论：归根到底就是爱。他直言不讳地在自己的教派内及世界各地批评原教旨主义，指出当人们"将自己的信仰等同于上帝的实际教诲"时它得以兴旺。

　　卡特坚定地指出："这意味着，任何不同意他们观点的人必然误入歧途，因而遭其贬黜，最极端的情况是低人一等。社会中的仇恨、不信任和缺乏宽恕精神，大多是由宗教信仰和自我吹捧的人造成的。""这和我对基督的教诲的理解截然不同。基督说，领头的是众人的佣人，并且我们必须努力做到对他人无私和慷慨大方。"这也正是吉米·卡特工作计划的核心所在。

　　经过自己的不懈气努力，卡特于1990年7月4日卡特获费城自由勋章。1995年1月10日获得1994年度联合国教科文组织设立的和平奖。1997年11月，印度英·甘地纪念基金会授予他1997年度英·甘地奖，以奖励他为全球和平、裁军和发展所作的贡献。1998年12月10日，卡特还获得1998年度联合国人权奖。

勇敢者的圣地——美国海军军官学校

布什在学院的非凡演讲

1946年7月6日，乔治·沃克·布什生于美国康涅狄格州，在德克萨斯州米德兰市和休斯敦市长大。他的祖父是华尔街一位富有的金融家，曾是国会（共和党）参议院议员。其父亲为美利坚合众国第41届总统乔治·赫伯特·沃克·布什。中学毕业后，18岁的乔治·沃克·布什进入耶鲁大学主修历史学，成为著名的耶鲁大学骷髅会成员。毕业后，乔治·沃克·布什进入得克萨斯州国民警卫队空军，成为一名战斗机驾驶员，直到1973年离开空军。此后，乔治·沃克·布什又在哈佛大学商学院求学两年。

再次走出校门后，而立之年的乔治·沃克·布什在父亲朋友的引见下雄心勃勃地进入石油界。乔治·沃克·布什在德克萨斯州米德兰创建了一家石油天然气勘探公司，并在该公司工作到1986年。1989—1994年，乔治·沃克·布什是得克萨斯州牧人棒球队主要合伙人。

1994年，他竞选德克萨斯州州长并获得成功。1998年他竞选连任，成为该州历史上首位得以连任的州长。2000年8月，乔治·沃克·布什被共和党提名为总统候选人。11月7日，乔治·沃克·布什参加了美国历史上竞争最为激烈的总统选举。最后由美国联邦最高法院作出裁

总统轶事

走进科学的殿堂

决，乔治·沃克·布什成为美利坚合众国第54届（第43任）总统并于2001年1月20日，宣誓就职正式当选总统。他是继美利坚合众国第6任总统约翰·昆西·亚当斯之后第二位踏着父亲的足迹当选的总统。

2003年5月16日，乔治·沃克·布什正式向美国联邦选举委员会提出竞选连任。2004年9月1日美国共和党在纽约州召开的全国代表大会上正式确认乔治·沃克·布什为该党总统候选人。11月，乔治·沃克·布什赢得总统选举当选美利坚合众国第55届总统，2005年1月宣誓就职。

2005年11月30日，美国总统布什在位于马里兰州安纳波利

布 什

斯的美国海军军官学校发表演讲，阐述政府的伊拉克战略。

演讲是布什在12月15日伊拉克大选举行前一系列讲演的首场。为了抚慰日益焦躁的民众情绪，布什在演讲中竭力夸赞伊拉克安全部队所取得的进展。布什说，超过120个伊拉克军队和警方战斗营已作好准备，独立作战。此外，还有80个战斗营正在驻伊联军的协助下作战。伊拉克人正在迈向前进，为他们饱受自杀袭击和绑架等暴力事件摧残的国家提供安全保障。布什还说，通过减少巡逻，撤出伊拉克城市，更多地将力量集中在抓捕重要恐怖目标的特别行动上，美国在伊拉克的军事

总统轶事

58

存在将开始发生改变。尽管如此，对于国内日渐高涨的撤军呼声，布什再次重申，不会制定撤军时间表。

然而，空洞的数字取代不了血淋淋的现实。《纽约时报》、《华盛顿邮报》等主流大报在报道布什讲话的同时，都配发了社论、评论和分析

美国总统布什11月30日在位于马里兰州安纳波利斯的美国海军学院发表演讲

文章，多认为这篇讲话及同时发表的"在伊拉克取胜的国家战略"文件都不过是"提供了更多细节而没有新的实质性内容"，"充满了乐观与误导"。《华盛顿邮报》更是于同一日刊出了发自巴格达的长篇报道，题目即是《在巴格达：现实驳斥了言辞》，文章详尽列举了这一天在伊拉克境内发生的爆炸和死伤情况。没错，人们更相信的是事实而不是说

辞。前国务卿奥尔布赖特也说,"总统基本上是在重新包装,总是说一切都好。而每一天我们读到的却是情形不妙。我希望我能够相信他,我愿意相信美国总统,然而他发生了信誉问题。"看来,布什的这篇讲话收效甚微。

布什在演说中没有明确做出撤军承诺,并誓言作为总司令,不取得最后胜利决不收兵,但他深知军队伤亡乃民心所系,不能不予以安抚。他说,"随着伊新军取得经验,随着政治进程获得进展,我们就能减少驻伊军队的水平而同时又不会削弱打败恐怖分子的能力。"确有消息披露,美军当局已在起草计划,拟在明年年底之前,将驻伊美军的规模从目前的16万人减少到10万人以下,2007年进一步大幅削减。事实上,目前每月60亿美元的开支和兵员紧张(有的部队已轮驻伊拉克达三四回之多),确是民意所无法长期忍受与支持的。

布什的演讲引起广泛关注,是因为近来美国民意发生逆转,从多数人支持伊拉克战争转变为多数人反对战争。与此同时,布什的支持率也跌到了历史最低点。反战人士、主流舆论对布什的伊拉克政策提出了严厉批评,普遍认为白宫先是误导民众并错误地发动了战争;后来则是误判形势,处置失当,大谈理想与决心,却一直拿不出取胜之道和撤军计划。为挽回民意,白宫班子决定以攻为守,主动出击,拟在12月15日伊拉克大选投票前,由总统亲自演讲四场,向公众解释白宫不仅有理想与决心,也有明确的获胜战略。海军学院的演讲即为首场。

其实,细察布什的讲话,他还是提出了撤军的方略。他表示,美军驻伊部队的使命正在从忙于全国性剿敌战役和提供安全保证，转向培训伊拉克新军警，以及专门对付特定的极度危险的恐怖分子；美军将越来越多地从城镇中撤出，将越来越多地将作战基地转交给伊拉克新军；并减少美军的巡逻和搜寻任务。

《纽约时报》社论很不客气，将布什的讲话比作1969年尼克松有意撤军的讲话；将布什的这一战略比作尼克松"让越南人打越南人"的战略——即加紧培训伊拉克新军，让他们取代美军，冲锋在前，从而为美军的早日撤出创造条件。其实如果将这"获胜战略"，称之为"抽身战略"也许更为准确。

就在布什发表演讲前几个小时，美国国家安全委员会公布了

布什

《在伊拉克获胜的国家战略》，预示将在明年减少驻伊美军数量。但文件同时发出警告说，获胜或完全撤军没有确定期限。这份战略文件将在伊拉克取得胜利划分为短期、中期和长期3个阶段：短期胜利是在打击抵抗活动、构建政治机构和训练安全部队方面取得进展；中期胜利是建立完全的立宪政府，发展经济，并让伊拉克人在打击抵抗活动、保障安全方面发挥主导作用。长期胜利是击败抵抗活动，伊拉克成为一个"和平、团结、稳定和安全"的国家，融入国际社会。文件将在伊拉克的敌

走进科学的殿堂

人区分为失势的逊尼派、萨达姆的追随者和恐怖分子，并提出了应对的3条路径：政治上，孤立抵抗武装，拉拢那些在政治进程中感觉被边缘化的群体，建立一个稳定、有效和具有广泛支持的政府机构；安全上，夺取反抗武装的地盘，壮大安全部队；经济上，帮助伊拉克建立具有自我支撑能力的经济基础，恢复基础设施，发展经济。此外，报告还列出伊拉克战略的8大支柱：击败外国恐怖分子，中立抵抗武装；提高伊拉克维护自身安全的独立能力；帮助伊拉克成为一个自由、民主、多元和团结的联邦制国家；改善伊拉克政府提供基本公共服务的能力；发展市场经济；加强法治；提高对伊拉克的国际支持；宣传美国在阿拉伯世界和其他地区所作的努力。

11月30日，布什在美国海军学院演讲。

布什的演讲引起了社会上的很多的评价。

一种是：两年半前，布什总统宣布伊拉克主要战事结束。然而如今伊拉克的局势没有得到丝毫的改善——暴力风潮席卷各地，绑架危机不见消退，爆炸新闻成了"每日必读"，美军和平民的死亡数字与日递增。

更为堪忧的是，在对待伊拉克问题的战略上，布什出现了可怕的钟摆式的转变。他从战前夸大伊拉克的威胁性这一极端，摇荡到战后低估重建伊拉克的复杂性的另一端。

勇敢者的圣地——美国海军军官学校

11月30日在马里兰州安纳波利斯的美国海军军官学校发表讲话时布什表示，为了获得胜利，政府制定了一项包括三个要素的全面的伊拉克战略：在政治方面，建立一个具有广泛支持的伊拉克政府，帮助伊拉克政府孤立敌人，建立稳定的能够保护伊拉克人利益的机构；在安全方面，打败恐怖分子，建立伊拉克安全部队；在经济方面，帮助伊拉克建立具有自我支撑能力的经济基础，恢复基础设施，发展经济。

在伊拉克战后，布什及其智囊团天真地认为，二战后美国重建了欧洲和日本，如今美国同样能重建伊拉克。布什刚刚出炉的对伊"致胜战略"就是这种思想的反映。

然而，历史不可能简单地重复。伊拉克的重建不仅取决于它自身的政治经济因素，更是一个牵一发而动全身的"国际项目"。

布 什

从伊拉克国内的情况来看，首先伊拉克过渡政府缺乏广泛的支持，没有实现各民族和各教派的利益平衡，为伊拉克局势埋下了不稳定的种子。

虽然伊拉克过渡政府的成立受到美国的赞扬，但并不是所有伊拉克民众都对这个政府发出喝彩。面对一个由什叶派主导的政府，在萨达姆时代掌权的逊尼派上层人士是不愿与之合作的。他们中的大多数认为当权者是"侵略者的附庸"。他们与新政府之间的对话也是一波三折，成果寥寥。

与欧洲和日本不同的是，伊拉克没有良好的现代行政基础。如今的伊拉克，不仅宗教势力盘根错节，而且许多地方还是部族社会，民众对宗教和部族认同感比较强。如果这种全国范围内的对话归于失败，那么政府最终将难以取得更广泛的信任。

在安全方面，伊拉克所处的局势也非当年的欧洲和日本可比。

由于德日法西斯的非正义性，欧洲和日本的官民在战后与美国占领当局都比较配合，社会秩序容易恢复。

而伊拉克则不然。伊拉克人的确曾因推倒萨达姆铜像而欢呼。但在过去的两年多的时间里，美军在恢复秩序、提供生活必需品上的无所作为，严重损害了他们暂时获得的信任。不少伊拉克人对美国占领从希望转向失望，对美军的定位从"解放者"转化为"入侵者"。

此外，尽管伊拉克不是越南，既没有复杂的热带丛林，又没有一个强大的像胡志明一样的领袖，背后也没有大国支持，但伊拉克抵抗力量得到不少穆斯林的支持。"我战故我在"的信念仍将成为伊拉克抵抗运动的精神支柱。国际恐怖分子从伊斯兰世界的各个角落向伊拉克集中，并与伊抵抗运动合作，中东反美恐怖活动及伊境内反占领活动在伊拉克结合，伊境内游击战性质的恐怖活动风起云涌。

布什

由于政治和安全局势的恶化，伊拉克的经济重建陷于停顿。

目前，恐怖分子将袭击的目标由军队扩大到了经济目标，水站、油管、住房等基础设施不但得不到及时修复，还经常遭到破坏。此外，针对平民的绑架事件愈演愈烈，这使得伊拉克的投资环境恶化：外国公司无法开展工作，重建资金不能到位，就连国际货币基金组织也不敢在伊设立办事处。伊拉克人民的基本供应得不到保证，经济重建陷于停顿，布什政府津津乐道的"新伊拉克"就无从谈起。

在对待伊拉克的问题上，布什的思维"钟摆"从一个极端摇荡到另一个极端，究其实质是在单边主义的支配下，将复杂的国际问题简单化，最终他出炉的战略也就只有"致败"的可能。

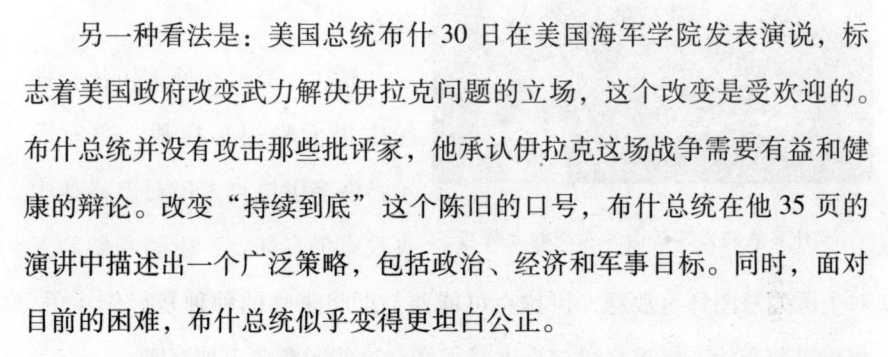

另一种看法是：美国总统布什30日在美国海军学院发表演说，标志着美国政府改变武力解决伊拉克问题的立场，这个改变是受欢迎的。布什总统并没有攻击那些批评家，他承认伊拉克这场战争需要有益和健康的辩论。改变"持续到底"这个陈旧的口号，布什总统在他35页的演讲中描述出一个广泛策略，包括政治、经济和军事目标。同时，面对目前的困难，布什总统似乎变得更坦白公正。

评论家们表示，最需要解决的问题是布什政府从未说明伊拉克战争怎样才算胜利，以及怎样才知道美国军队何时可以返回祖国，对此布什总统似乎有所回应，从短期看，胜利意味着在打击恐怖分子和压制叛乱问题中取得稳定进展，并且符合政治和经济目标。更长远的目标就是打败恐怖分子，建立一个稳定、和平、民主的伊拉克，依靠自己继续发展。

尽管如此，批评者们似乎并不满意，但是比起布什总统以前所提

供的策略，这次演说更具有实质意义。虽然没有演说可以抹去布什政府在伊拉克问题上造成的失信，但是这次演说是在正确方向上迈进一大步。布什总统承认在战争中领导上的失误，他表示美国军队将会减少巡逻和护卫。美军将会撤出伊拉克城市，目标更着重于打击恐怖分子。这些方针可能并不标志在军事行动中有大规模改变，但应该会帮助减少美军的人员伤亡。另一个原因在于支持这次战争的国际势力在逐渐衰弱。

显然，美国在处理伊拉克问题中仍面临很多挑战。白宫表示，许多伊拉克人民对巴格达中央政府仍有怀疑，伊朗和叙利亚对美国的意图怀有敌意，伊拉克可能要与即将来临的种种暴行作斗争。相比以前布什一再重复伊拉克进展很好，这些问题要更加真实。

布什发表鼓舞演讲向军人竖起大拇指

布什总统似乎接受了大家对美国处理伊拉克政策的辩论。他声明，即使在战争时期，我们也可以就分歧作出公开真实的讨论。希望副总统切尼能听到此话。就在两年前，当强硬派的前海军上校，共和党约翰默瑟提出撤离时，他公然遭到以副总统为首的布什总统发言人和支持者的嘲笑。

海军将帅

勇敢者的圣地——美国海军军官学校

海权论鼻祖——阿尔弗雷德·赛耶·马汉

阿尔弗雷德·赛耶·马汉，用将门虎子来形容他一点不过。马汉是美国著名的海军军官，海军理论家。参加过美国内战。先后在护卫舰、驱逐舰、炮舰和巡洋舰上服役。历任副舰长、舰长、海军学院院长等职，并荣获海军上校军衔。

1840年9月27日，马汉出生在西点的教授楼里，他的父亲老马汉28岁时就成为了当时西点最年轻的教授。他给儿子取名"赛耶"是为了纪念为西点作出过重要贡献的赛耶校长。虽然老马汉是美国陆军军官学校的校长，小马汉却违背了父亲的意愿进入了海军学院学习。1856年小马汉进入海军学院学习，1859年毕业并进入海军服役，曾任炮舰舰长。参加过1861—1865年国内

阿尔弗雷德·赛耶·马汉

海军将帅

战争，站在北军一边。1885年任美国海军学院教授，讲授海军史及海军战略，并开始其著述生涯。马汉在1886—1889，1892—1893年曾两度出任海军学院院长，在职期间马汉将自己的军事思想投入到教学中，把以前的分散的舰只战术综合为舰队战术体系，还亲自为学生上课，制作模型。被学员尊为海军中的。1893—1895年任"芝加哥"号巡洋舰舰长。1896年退役。1898年，在西班牙与美国的战争中担任美国海军战略委员会成员，1899年，任出席第一次海牙国际会议的美国代表团成员，会上通过了有关战争法规和惯例的公约。1902—1903年，担任美国历史学会会长。在1883—1903年的20年间，马汉撰写了许多著作，这些著作大多为美国的海外扩张政策寻找理论根据，为美国的侵略战争进行辩解。

古罗马哲学家西塞罗

起源于海洋文明的西方国家很早就重视海洋的意义，2000多年前的古罗马哲学家西塞罗说："谁控制了海洋，谁就控制了世界。"几百年来，葡萄牙、西班牙、荷兰、英国乃至今天的美国在世界上的优势力量都是以海权为基础的。

马汉发现，人类在海上的机动性超过了陆地。他在研究了英帝国长期称霸世界的历史后，于1890年出版了《制海权对历史的影响》一书，提出了"海洋中心"说。马汉认为，商船队是海上军事力量的基础；海上力量决定国家力量，谁能有效控制海洋，谁就能成为世界强国；要控制海洋，就要有强大的海军和足够的海军基地，以确保对世界重要战略海道的控制；对美国来说，最重要的是夏威夷群岛和巴拿马地峡；海军威力＝力量＋位置，海军必须以"集中"为战略法则，同时要重视"海上交通线"、"中央位置"和"内线"；海军必须积极出击，不能消极防御。马汉的《制海权对历史的影响》一书在美国再版了30多次，并在全世界广泛流传。马汉也被后人公认为是海权论的鼻祖。他的突出贡献尤其在于对海权这一概念的创建和廓清，经受了时间的考验，体现了巨大的理论价值，对当时的世界和后世历史均发挥了重要的作用。可以说，马汉是一个顺应时代而起又推动了时代发展的伟人。

马汉最著名的是他的"海军制胜论"。马汉与英国军事理论家科勒姆几乎是同时提出并建立了西方的"海军制胜论"，这一理论总结了西方列强的"炮舰政策"，提出"海军在战争中将起决定性的作用，而夺取'制海权'称为战争的基本规律和唯一目的，达到了这一目的就能最终战胜敌人和夺取世界霸权"。

马汉"海军制胜论"在社会上产生了一定的影响和作用。由于马汉的"海军制胜论"反映了西方列强的"炮舰政策"和全球利益，因而对美国和其他西方强国的海军建设与发展起到了很大的影响。但是，这种军事理论片面强调了当时单一军种对战争进程的作用，不久即被第一次世界大战和第二次世界大战的经验所驳倒，但是，美国、英国、德国和法国等国家的军界仍然信奉和宣传这一军事理论。

马汉的军事思想基本观点有：

海权是历史发展的决定因素。马汉强调海洋的重要性和控制海洋的意义。他认为以商业立国的国家，必须拥有优势的海上力量，夺取殖民地，占据战略要点，控制海洋，以保证国家战略利益，并指出海权的重要环节是国内产品—海洋运输—殖民地。

海军战略的目标是保证国家获得平时和战时的海权。马汉认为，海上作战最重要的任务是掌握制海权，而掌握制海权有赖于强大的海军。他主张美国突破传统的近岸防御思想的束缚，建设一支具有进攻能力的强大海军，首先控制加勒比海和中美地峡，进而向太平洋扩张，在大西洋上则与海上强国英国相互协调，以左右欧洲形势。

海军战略的基本要素是集中、中央位置、内线、海上交通线马汉认为，集中的法则是海军战略的基础；威力的方程式是力量加位置（即占据便于随时向主要战略战役方向机动的中央位置），以便于舰队实施内线机动；海上交通线在战争中居于"统制战争"的地位，凌驾于其他要素之上。

海军的存在是为了进攻，防御只是进攻的准备。马汉指出，即使全局处于防御态势，海军舰队也必须积极出击，通过海上交战达到一定的结局。马汉始终主张在一个方向上作战，反对同时在两个方向上作战，以保证在决定性的时间和海区集中优势兵力摧毁敌方舰队。海上作战的主要手段是舰队决战，必要时可通过海上封锁实现上述目的。

海军战略的关键是平时和战时建立并发展国家的海上力量马汉指出，海军舰队是海上野战军，机动性和进攻性是其特征。海军基地、要塞是舰队的根据地，是海上进攻力量的依赖和组成部分。

马汉的军事思想适应19世纪末20世纪初美国垄断资本向海外发展的需要，是当时历届美国政府制定对外政策和海洋战略的重要依据，对美国军事思想和其他许多国家的海军理论都产生了重要影响。马汉的军事思想具有时代和阶级的局限性，认为原理是"永恒不变"的，并过分夸大海上力量和舰队决战的作用。

马汉还潜心于海军理论的研究，共有著作20部，其中最著名的是海权论三部曲《海上力量对历史的影响，1660～1783年》、《海上力量对法国大革命和帝国的影响》、《海上力量的影响与1812年战争的关系》。在书中，他第一次提出了以争夺制海权、控制海洋、消灭敌人舰队为首要任务的海权理论。其主要内容是：

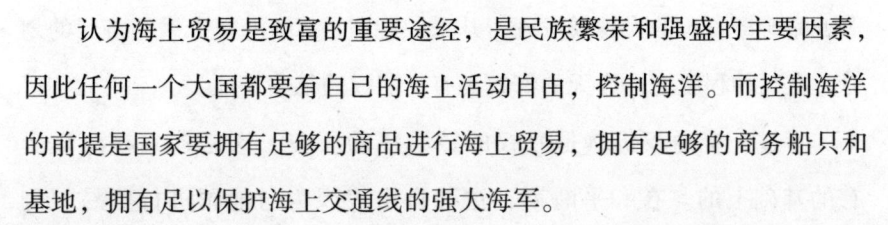

认为海上贸易是致富的重要途经，是民族繁荣和强盛的主要因素，因此任何一个大国都要有自己的海上活动自由，控制海洋。而控制海洋的前提是国家要拥有足够的商品进行海上贸易，拥有足够的商务船只和基地，拥有足以保护海上交通线的强大海军。

构成海上力量的6个基本要素是：（1）具有海洋国家所具备的优越地理位置。（2）拥有绵长海岸线的自然结构，包括领土面积、海岸线和港口特点的领土范围。（3）拥有能够从事海洋事业的众多人口。（4）渴求从事海洋贸易的民族特点。（5）认识到海洋的重要性，并竭尽全力建立起一支强大海军的政府。如果哪个国家具备了这些条件，对其海上力量的形成必然有重大推动作用。

要控制海洋必须建立起一支由装备着大口径火炮的重型战列舰组成的强大海军。它必须保持对敌优势，能够在海洋上积极进攻和机动作战。那种主张建立单纯防御的要塞舰队（把舰队作为要塞防御的手段）

和"存在舰队"（认为舰队可以不要基地、要塞而存在）的想法都是错误的。

强调以优势兵力歼灭对方舰队，或对其实行有效的海上封锁，以夺取制海权。为了便于随时集中兵力，主张将舰队配置在"中央位置"，以保证能随时向主要作战方向机动。同时主张控制海上战略要点，立争内线作战，时刻注意保护自己的交通线。

马汉的"海权论"，不仅对美国的海外扩张和战列舰的建造，而且对英、德、日、法、俄等国海军建设，都产生了重要的作用。

马汉时代的海权，主要是指交通权。当时海洋所能提供的资源还局限在渔业，这在已经工业化了的时代是无足轻重的。随着石油、天然气等战略矿产资源的大规模发现、开采，特别是200海里专属经济区的划分，在某种程度上，今天的海权具有了陆权的某些特征。

不过，交通权仍然是海权的核心精髓所在，这是建立在海洋公有的基础上的。在和平时期，这种自由表现为与他国进行贸易、交流的自由。

而在战时，海上交通权就是关键中的关键。而这个时候的交战双方，将撕下"海洋公有"温情脉脉的假面，拼尽全力抢夺最大的利益。拥有海上交通权的一方，就可以在战争中将前线推进到敌方的陆海交界处，进而投放己方的军事力量于敌方陆上，继续推进到陆上，达到攻击对手陆权的目的，同时也保护了己方的陆权。而没有了海上交通权的一方，则只有把海岸线视为前线，而不可能攻击到敌方的陆权，更不可能保证己方的海上资源。

当然，如今的工业水平已远超百年之前，新的战术武器必然催生新

勇敢者的圣地——美国海军军官学校

的军队战法，新的战略武器必然带来新的大国博弈。马汉著作中关于战术的内容，大部分已经失效。而在战略层面，马汉的目光犀利、论述精准，许多观点今天读来仍熠熠生辉。

由于海洋超出了人类生物活动的能力范围，因此开发利用海洋就必须借助于工具；越是在海上前行的更远，就越需要先进的技术。因此就注定了：从人类踏出征服海洋第一步起，这就是个高技术行业，必须是在有了相当的技术储备和工艺水平后。在人类发明飞机征服天空之前，造船业可以说是一国最尖端技术的集中体现。

马汉认为，不可能再有哪一个国家能像过去那样独霸海洋，美国应与有共同血缘关系的英国合作，确立同一种族对海洋的支配。马汉明确表示，他的海权论是要为美国的外交和军事战略提供基础，并公开称"强权即公理"。马汉曾任美国总统西奥多·罗斯福的海军顾问，他的理论成了美国海军发展和海上扩张的理论根据。1890年，美国国会通过了《海军法案》，美国开始大规模发展海军。19世纪最后10年，美国的海军实力由世界第12位跃升为第3位，仅次于英、法两国。第一次世界大战后，美国成为世界上最强的海权国家。第二次世界大战结束时，美国完全控制了太平洋，把太平

西奥多·罗斯福

海军将帅

洋当作自己的"内湖"。冷战结束后，美国在海外仍有700多个军事基地，4个作战舰队，13个航空母舰战斗群，各型舰艇468艘。

直至今天，强大的海权仍是美国全球战略的基础，马汉的海权思想仍然深深影响着美国和世界许多政治家和军事家。20世纪90年代末，西方大国用于海军建设的开支占国防开支的比例很大，美国为30%，英国、日本23%，法国14%，意大利13%，德国12%。海军如此被重视，归根结底，不得不归功于马汉海权论的开山之功。鉴于马汉对美国海军战略的重要影响，富兰克林·罗斯福总统说：马汉是"美国生活中最伟大、最有影响的人物之一"。

然而，就是这样一位大牌战略家，在他退休之后，却令人意外地开始了为稿酬而写作的"第二生涯"。

长期的研究工作和海上奔波，造成了马汉身心的极度疲惫。当他服役满40年退休时，他为自己设计了一幅美好的生活蓝图：参观博物馆，去剧院，餐后在音乐厅欣赏音乐，为社会上有声望的朋友举行宴间舞会，接见名声显赫、学识渊博的文人墨客，招待美貌聪明的淑女……用他自己的话说，"我的生活就是花钱和交谈。"但要实现这样的理想，最关键的一样东西是钱。当时，马汉的退休金为每年3375美元，尽管在当时

富兰克林·罗斯福

勇敢者的圣地——美国海军军官学校

这已是很高的收入了，但距离实现马汉的理想还差得很远。于是，马汉想到要用手中的笔赚取丰厚的稿酬。他在给妻子的信中写道："你在宴会等方面不要打经济算盘，我想我将坚持每年给杂志写两篇文章，专门为设提供一笔资金。"

马汉写作的范围仍然没有离开海军战略和历史方面的内容，但已经不是那些绞尽脑汁才能完成的高深的学术论文了，他的目光关注的是那些能在畅销杂志上发表的一蹴而就的"赚钱文章"。例如，当时美国的《运煤船》、《北美评论》、《论坛》等杂志的发行量都很大，稿酬也非常可观，马汉为它们撰写了相当数量的文章。当然，马汉的写作也有自己的原则，对那些在社会上可能产生不良影响的危言耸听的文章，无论稿酬如何，他一概不写。马汉为稿酬而

比留佐夫

写作并没有影响马汉在人们心目中的地位，他依然受到人们的尊敬和爱戴。

在他的退休生活中，马汉为自己的理想而写作。他每年能够赚取近3000美元的稿酬，这笔钱使他的家庭过上了中上等水平的舒适生活，也实现了他的许多理想，他的晚年也因此充满了快乐。

走进科学的殿堂

战争中的英雄——乔治·杜威

海军将帅

乔治·杜威

乔治·杜威（1837—1917年），美国海军特级上将。生于丹佛尔蒙特州蒙彼利埃，毕业于海军学院。青少年时代曾就读于安纳波利斯海军学校，成绩名列榜首。南北战争期间，曾先后在6艘联邦海军舰上任职，参加了新奥尔良战役以及哈德逊港和唐纳尔逊堡战役。1864—1865年调到北大西洋封锁海军中队。1897年任美国亚洲舰队司令，驻扎香港，潜心研究西属菲律宾群岛沿海情况。1898年美西战争爆发后，从香港驶往菲律宾，在马尼拉湾海战击败西班牙舰队，使美国夺取了菲律宾，把势力扩大到西太平洋。1899年被授予唯一的海军特级上将军衔。后任美国海军总署署长。1917年1月16日去世。

勇敢者的圣地——美国海军军官学校

提到杜威，我们更多的是想到他参加的历史上著名的美西战争。

新奥尔良战役

1898年发生的美西战争标志着美国作为一个主要军事力量的崛起。这场历时仅100余天、致使3000美国人丧生的短暂的海上冲突使美国陷入了远东的复杂问题，也使敢于与美国军事力量抗衡的欧洲列强得到了警告。对美国人自己来说，这场战争则标志着它要更多地参予世界事务。

美西战争中的参战军舰

虽然美西战争的第一次大海战发生在东半球的菲律宾，但冲突的起因却是古巴的骚乱。在古巴，多年来对西班牙人的暴政的反抗最终导致了1895年的大暴动。起义者的残暴并不亚于西班牙统治者，他

海军将帅

走进科学的殿堂

们制定了一条蓄意掠夺的政策。这条政策规定，如果美国人不交保护金，他们的财产就不受保护，这些保护金用来在财政上支援暴乱和进行扩大宣传。事实上，美国参与此事的主要原因是要保护美国人所拥有的甘蔗种植园和糖厂。这些大种植园和糖厂的利润是不容忽视的，投资5千万美元，年贸易额可高达1亿美元。西班牙政府决定结束古巴的这种令人无法容忍的状况。1896年初，西班牙政府派陆军上将巴莱里亚诺·韦莱尔去哈瓦那采取断然措施。韦莱尔的办法就是把平民驱赶到集中区，使他们无法援助叛乱。集中区里恶劣的卫生的条件使几千人丧生，其中大多数是妇女和儿童。由于古巴叛乱政权在纽约进行巧妙的煽动，美国公众对"刽子手韦莱尔"的非人道做法反应强烈，有人要求马上承认叛乱"政府"。作为对公众呼声的反应，国会通过了一项决议案，要求承认古巴叛乱政权。反对帝国主义政策的克利夫兰总统认为，这一决议案是对他行政权力的干涉而不予理睬，他宣称拒绝出兵与西班牙开战；而另一方面，他又对西班牙政府明确表示，美国对西班牙在古巴的统治的尊重"将为更高的义务所代替，我们会毫不犹豫地承认和履行这种义务"。

麦金利总统

海军将帅

勇敢者的圣地——美国海军军官学校

1897年，西班牙新的自由党内阁召回了韦莱尔，放松了将平民驱赶到集中区的工作，并允许古巴人有一定程度的自主权。这时，美国人开始对古巴问题失去兴趣，但1898年2月出现的两个事件却在美国掀起了一场民愤的风暴。事件之一是纽约《月报》发表了一封轻率的私人信件。这封信是西班牙驻华盛顿公使迪皮伊·德·洛梅写的，后来，它落入古巴叛乱者的手中，这位公使在他的信中暗示了西班牙在为悬而未决的贸易协议举行的协商中的欺骗行为，并说麦金利总统是个"次等的政治家"。一个星期之后，被派往古巴保护美国人的生命财产的"缅因"号战列舰在一声巨响中一分为二，260名舰员死亡。美国公众认为这一爆炸来自外界破坏，是西班牙人用炸弹干的。纽约《月报》悬赏5万美元，要求捉拿和审判罪犯，但一直无人响应。尽管后来的研究已经表明，那场爆炸很可能是由于一场内部事故造成的，但美国已经处于战争的边缘了。

美国人对西班牙人在古巴的长期暴行深感气愤，又被"缅因"号的爆炸所激怒，认为那是西班牙人干的。不久，国会于1898年4月宣布古巴自由独立，美西战争因此爆发。

菲律宾马尼拉海湾风光

杜威将军接到海军部代理部长罗斯福的警告，命令其太平洋分舰队整装待发。不久，杜威率领4艘巡洋舰、2艘炮艇和1艘后勤供应船从中国海驶向菲律宾。

走进科学的殿堂

经密友西奥多·罗斯福（当时任海军部次长）的推荐，年届 6 旬

"印第安纳"号战列舰

"布鲁克林"号装甲巡洋舰

海军将帅

的杜威才被任命为亚洲舰队准将司令。同、"马萨诸塞"号、"得年 5

勇敢者的圣地——美国海军军官学校

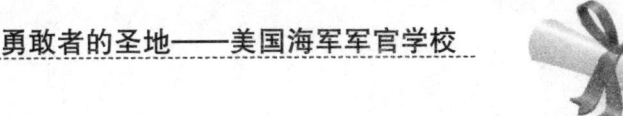

月1日清晨，杜威率领4艘巡洋舰、2艘炮艇和1艘后勤供应船从香港启航穿过南中国海，偷偷驶入了菲律宾马尼拉海湾，负责阻止西班牙舰队离开亚洲海岸，以便进攻菲岛。

由于一旦与西班牙发生军事冲突，古巴会成为第一个攻击目标，其次是波多黎各，所以，美国舰队大都集中于大西洋。为了进一步增强这一地区的军事实力，"俄勒冈"号从皮吉特海峡出发，绕过南美洲到达加勒比海。"俄勒冈"号以平均约12节的速度，用了66天完成了15,000海里的航程，完成了一次出色的远航。它的抵达使大西洋分舰队的力量增强到5艘战列舰："衣阿华"号、"印第安纳"号克萨斯"号、"俄勒冈"号。此外，该分舰队还有两艘铁甲巡洋舰："纽约"号、"布鲁克林"号和其他一些小舰。而这时，海军部只在太平洋保留了一支由轻型巡洋舰组成的亚洲分舰队。人们普遍认为，海军在太平洋地区的作用不大。

"缅因"号事件对西班牙人也产生了影响。他们试图平息美国人的愤怒，同时，也在为战争

西班牙分舰队司令塞韦拉海军少将

做准备。刚接到爆炸的消息，西班牙海军大臣就向海军发出警报，并告诫当时指挥本土舰队的海军上将帕斯夸尔·塞韦拉准备摧毁基韦斯特的

美国基地，然后封锁美国沿海。

塞韦拉对此事并不乐观，因为他的作战力量只有4艘破烂不堪的巡洋舰和2艘驱逐舰。他认为，自己的海军无法与美国海军抗衡。大西洋彼岸，西班牙没有强大的军事基地，因此他的舰队在古巴和波多黎各很可能得不到充足的后勤支援。他表示，一旦发生战争，西班牙海军最实际的行动方案应该是保存实力以保护国土。塞韦拉强调指出：只要西班牙纠集起一支能在装备和供应上提供帮助的海上同盟力量，他的舰队就能使美国海岸成为有利可图的军事目标。内阁据此修改了它的指示，但坚持认为海军力量至少应该保卫波多黎各。塞韦拉仍认为自己的使命毫无希望。1898年4月8日，他率领舰队从加的斯启航前往佛得角群岛，等待形势的进一步发展。

西班牙本土舰队出发的消息在美国东海岸引起了一场战争大恐慌。各处的市民根据自己听到的小道消息臆想出海岸遭轰击和敌人入侵的情景。陆军和海军都听到了保卫海防的狂乱呼声。陆军部长拉塞尔·阿尔杰后来回忆说："要求陆军部马上对前来的西班牙舰队采取行动的呼声之紧急让人伤心。电报、信函，还有代表受

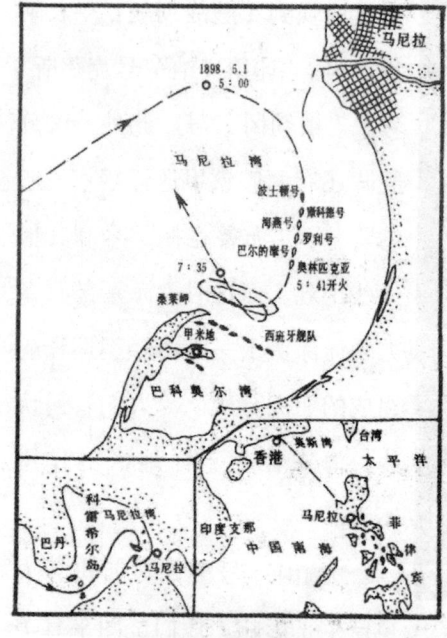

图34 马尼拉湾海战（1898年5月1日）

美西战争形势图

勇敢者的圣地——美国海军军官学校

威胁地区的政治家们一起涌进了陆军部。各地都要求配发枪支，并要求把地图上能找到的所有河流和港口都布上水雷。"西奥多·罗斯福后来回忆说，神经质的波士顿金融家们因为担心自己的投资债券的安全而向内地搬迁了50英里。

由于没有造成任何破坏，一些神经质的人也安静下来了，这是因为政府慷慨地向沿海各地发放了国内战争时期的一批老式枪炮。它们毫无意义地瞄着辽阔的大西洋，但是，要求舰队保护东海岸每一区域的呼声后来又高涨起来，因为就舰队的机动性而言，它是一种进攻性武器，即便舰队的任务是防御，它的所属舰只也决不会退化成一座座固定不动的炮台。

海军部很清楚，无论在什么情况下，北大西洋分舰队都必须作为一个整体来行动，即使塞韦拉不是在美国人枕戈待旦的加勒比海出击，而是攻击其他地区，这支舰队仍能以其保持完好的整体给敌人以牙还牙的打击；如果把舰队零零散散地沿着海岸线部署，那在军事上无异于自取灭亡。然而，即使是这样，还要以某种方式满足沿海城市要求海军保护的呼声。最后，海军部以折衷的办法解决了这个问题——北大西洋分舰队被分为两大股：一股由代理指挥官海军少将威廉·桑普森指挥，驻扎在基韦斯

美国北大西洋舰队代理司令桑普森海军少将

走进科学的殿堂

特,准备应付西班牙人对古巴和波多黎各的挑衅行动;另一股就是所谓"飞行中队",集结于诺福克,由海军准将温菲尔德·斯科特·施莱指挥,作为一个活动的海上堡垒守卫着大西洋沿岸;另有一支规模不大的、由老式的、大多是已退役的舰只组成的北方巡逻分舰队护卫着特拉华角以北的海岸线。

与此同时,西班牙内阁正面对着美国提出的与叛乱者停战和结束集中平民的要求犹豫不决,它既担心接受美国的要求会引起国内革命,又担心拒绝美国的要求会引发美西冲突。4月9日,内阁在这两点要求上都做出了让步,但为时已晚,因为麦金利总统已经认识到高呼着"让古巴自由"的民主党人在下届选举时会将他击败,除非他断然采取行动,结束在西班牙殖民地中的恶劣状况。于是,他在11日向国会递交了战争咨文,要求政府动用陆海军力量。一个星期之后,国会通过了一项联合决议,宣布古巴自由独立,要求西班牙撤出其军队,并批准总统利用武装力量执行这一决议,决议的最后一款——即泰勒修正案——保证,无论如何美国将不会吞并古巴。

海军将帅

戴维·格拉斯哥·法拉格特

勇敢者的圣地——美国海军军官学校

1898年4月22日，海军部命令桑普森封锁古巴海域，封锁线从哈瓦那开始，绕过这一岛国的西端直到南海岸的西恩富戈斯。4月25日，国会宣布从4月21日起就已进入战争状态。4月29日，塞韦拉的舰队驶离佛得角，前去保卫波多黎各。塞韦拉"在选择航线、港口和决定在何种情况下开战或回避等重大问题上拥有最大的自由"。

在太平洋沿岸却没有任何要求保卫海防和分兵把守的呼声。实际上，很多美国人根本不知道西班牙人在太平洋还拥有实力。但是，在华盛顿却有一个人十分清楚西班牙人在太平洋拥有菲律宾，并且还有一支由各种舰只组成的舰队，此人就是海军部长助理西奥多·罗斯福。当西美冲突刚一爆发时，罗斯福就决定美国不仅要在大西洋，而且要在太平洋准备一场大战。他要寻找一个能给驻菲律宾的西班牙海军力量以迅猛打击的人。最后，他选定了乔治·杜威准将，任命他为美国亚洲分舰队的总司令。

杜威接受此项命令时是监测委员会常务主席，但他在国内战争期间身经百战，威名远扬。杜威不仅作战勇猛，而且象他的老上司戴维·格拉斯哥·法拉格特一样，他对战局有独到战术慧眼和洞察秋毫的分析能力，在离开华盛顿之前，他阅读了所有能找到的关于菲律宾的材料，研究了所有能得到的菲律宾水域的海图。1897年12月初，他动身去日本，并迫切要求海军

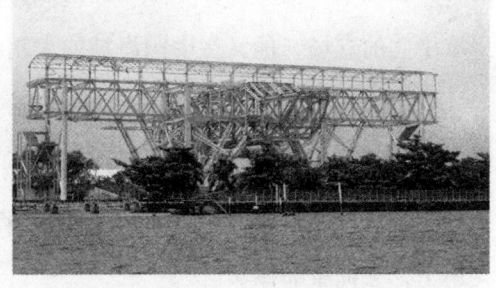

大鹏湾风光

海军将帅

部尽早给他送去弹药。一个月后,他在长崎登上了旗舰"奥林匹亚"号,正式任指挥。

不久,杜威指挥南下,驶往香港,逼近马尼拉。在香港,他收到了代理海军部长罗斯福的电报:"保持充足的燃煤。一旦……发生战争,你的任务是不准西班牙分舰队离开亚洲海岸,然后对菲律宾群岛发起进攻。"杜威根本不需要这种敦促,因为此时他已经在加紧备战了。他为舰队购买了一艘运煤船和一艘补给船。他命令战舰人坞,对机械部分进行大修,把船体水下部分清除干净,并将白色的船舷漆成灰色。杜威准将亲自检查一切细节,要求舰艇人员每天操练,舰上所有的机器都作好战斗准备,一接到命令就能够连续运转。为了搞清西班牙舰队和菲律宾岛上的设防情况,他派了一个密探去马尼拉,还让自己的副官化装成旅游者,从到达香港的游客那儿刺探情报。为了防止英国人在战争爆发后采取中立的立场,他又在中国海域的大鹏湾附近设立了一个临时锚地。

4月25日,海军部长发来一封电报:"美西已经开战,速往菲律宾,开始行动,尽力俘获或摧毁西舰队。"杜威又等待了36小时,直到美国领事从马尼拉带着西班牙人备战的情况赶来。4月27日,杜威挥戈南下,去征服菲律宾。

美国分舰队包括4艘巡洋舰:旗舰"奥林匹亚"号(5870吨)、"巴尔的摩"号、"罗利"号、"波士顿"号;两艘炮艇:"海燕"号和"康科德"号;以及缉私船"麦卡洛克"号。这些舰只的总吨位有2万吨,载有大约100门舰炮,其中只有半数的口径大于4英寸。此时,在远离美国舰队600海里以外的菲律宾,西班牙舰队的唐·帕特里西奥·蒙托霍少将正等待着战斗。蒙托霍惟一能起点作用的现代舰只是"雷娜

·克里斯蒂娜"号。它的排水量约3500吨，载有6.2英寸口径的舰炮。另一艘巡洋舰"卡斯蒂利亚"号是一艘老式木船，靠其本身的动力还开动不了。此外是5艘500至1100吨的军舰。蒙托霍估计自己在机动作战中没有可能打败美国分舰队，于是，他打算在锚地抗击，把自己的军舰当成要塞舰队支援海岸炮兵轰击美舰。美国舰队在去菲律宾的渡航中做了最后的作战准备，包括昼夜战斗演习，练演舰艇灭火和损管，并拆除了所有木制部件以防止火情加剧。4月30日下午，他们搜索了苏比克湾，未能发现西班牙舰队。杜威断言："现在我们知道他们的位置了。"他指挥舰队一直驶向科雷希尔岛以南的航道，亲自领头进入三面为陆地怀抱的马尼拉湾。

西班牙海军亚洲分舰队司令蒙托霍海军少将

杜威准将表面很自信，但内心却焦虑不安。整个远东都认为马尼拉湾是坚不可摧的。港湾的航道上已经布设了水雷。30年前，他的老上司法拉格特曾经闯过雷区，驶入莫比尔湾。尽管自那以后水雷的性能有了很大的改进，但杜威估计马尼拉不会有能在远离科雷希尔岛的深水航道上准确布雷的工兵。于是，他决定利用夜幕的掩护将自己的舰队驶入港湾。后来，他写道："每当我处于困难的境地，或被具体问题搞得

走进科学的殿堂

茫然不知所措时，我就问自己：'法拉格特会怎么办呢？'们为进入马尼拉湾在进行各项准备工作时，我不断地向自己提出这个问题，我承认，那天晚上，我们进入马尼拉湾时我正在想着他，确信自己所做的正是他会做的。"

1898年5月1日午夜刚过，当美国分舰队没有触及任何水雷，几乎要全部顺利地驶入马尼拉湾时，几门岸炮开火了，但美国军舰的炮火很快就对它们进行了压制。排成"一"字队形的舰队无一损伤地进入了海湾。黎明时，杜威的分舰队已经逼近马尼拉，开始搜寻西班牙舰队。城里的炮兵开了火，可惜全都打偏了。蒙托霍为了使马尼拉城免受美舰的炮击，就把他的舰队部署在甲米地。杜威在这儿找到了它们。因为没有弹药补给地，美舰为了节省弹药一直逼近到离西班牙舰队只有5000

杜威舰队的寻敌路线

码的距离。上午5时40分，杜威对"奥林匹亚"号舰长下令："准备

完毕，即可开火，格里德利。"美国军舰在西班牙军舰前往复航行，不断地进行射击，这使人联想起杜邦在罗亚尔湾的战斗。好几艘西班牙军舰，包括"雷娜·克里斯蒂娜"号，几次企图冲击美舰均遭重创，不是被击沉就是被击退了。7时35分，杜威因接到弹药短缺的误报决定暂时撤离。11时，杜威重新参战，1个小时的炮击使西班牙舰队全军覆灭。杜威下令停火时，蒙托霍所有的舰只不是冒起浓烟，就是葬身海底，或是被弃了。

西班牙人在这场战斗中共伤亡381人，而杜威的舰队只有7人受了伤。受过正规射击训练的美舰至少命中了170发，而缺乏射击实践的西班牙水兵仅仅命中了15发。美国人的胜利不仅靠实力上占优势，而且也是他们准备充分的结果。杜威说："马尼拉战役是在香港码头打赢的。"他还应该加上一句，那就是，这是个审势度时的胜利。如果他没有及时发现和打败蒙托霍的舰队，那么，他的供给就难以为继了。

由于西班牙海军的实力在这一地区已经丧失殆尽，于是，杜威就在马尼拉附近海面抛锚，使菲律宾防止外来的干扰。5艘德国军舰的到达使问题复杂化了。德国人一直在寻找机会，一旦美国人对菲律宾不感兴趣，他们就准备马上把它掠为自己的殖民地。遗憾的是，美国人对菲律宾很感兴趣。11000名士兵迅速从旧金山出发，前往围攻马尼拉城，并占领了这个群岛。巡洋舰"查尔斯顿"号在护送军队去菲律宾的路上，兵不血刃就占领了西班牙所属的关岛，岛上的总督竟然不知道已经爆发了战争。不到1个月，梦想成为日益强大帝国的美国又吞并了独立的夏威夷。

1898年8月13日，在美国陆、海军的联合攻击下，马尼拉城里的

走进科学的殿堂

西班牙军队象征性的抵抗一下之后就宣布停火了。后来，美国军队花了3年的时间镇压菲律宾人的反抗。菲律宾人所希望的是独立，而不是换一个帝国主义主子。大约又过了50年，美国人才承认菲律宾人是能够自治的。然而，根据和平条约有关菲律宾的条款，美国却要长期插手远东事务。

海军少将桑普森是位儒将，有点冷漠，但并不意味着缺乏进攻精神。他提议对西班牙公开宣战，对哈瓦那实行两栖进攻。他希望通过占领古巴首都和军事要地来早日结束战争。海军部长约翰·朗没有批准桑普森的建议，因为陆军还远远没有做好准备，而且他认为当敌人的舰队仍很强大时，就让美国舰队去冒险承受哈瓦那的炮火是不明智的。

海军将帅

美国海军亚洲分舰队司令杜威海军准将

长期的海战经验告诉人们，军舰在向有炮火防御的海岸进攻之前，必须摧毁敌方的干扰部队以掌握制海权。否则，就要有两支威力相同的舰队：一支为支援舰队，用以向海岸进攻并掩护登陆部队；另一支为掩护舰队，作为滩头和支援舰队的屏障，抵御任何前来的敌方舰队。北大西洋分舰队被分为两部分：一部分在诺福克，一部分在加勒比海，而且塞韦拉的舰队又无一损伤。因此，朗认为桑普森根本不具备进行两栖作战的力量。他的观点得到了新成立的陆海军委员会的支持。这个委员会的成员有：已退休的北大西洋分舰队司令蒙哥马利

勇敢者的圣地——美国海军军官学校

·西卡尔少将，航海局局长阿伦特·克劳宁希尔德上校以及海军史学家和哲学家马汉上校。这个委员会最初只是个情报机关，但最后却成了一个中央战略委员会。它的作用就是协调海军力量，但有些时候这个委员会做出的战略决策也会使战区指挥官感到为难，这个委员会虽然比以往战争的中央指挥部的作用大大提高了一步，但还没有发展成为健全的机构，还不能象第二次世界大战时参谋长联席会议那样协调指挥陆、海军的行动。

4月29日，当塞韦拉遵照马德里的命令驶离佛得角群岛时，他仍然持悲观的态度。他知道自己的兵力与美国相差悬殊。另外，他的最好的巡洋舰"克里斯托瓦尔·科隆"号上还没有装上应配置的两门10英寸口径的主炮，而另一艘巡洋舰"比斯卡亚"号又因为船底长满了海生物航速缓慢。

桑普森很快得到了塞韦拉出航的消息，他马上做出了到波多黎各的圣胡安出击迎敌的计划。他相信西班牙舰队肯定会在那儿进港加煤。马汉也估计西班牙人的第一站是圣胡安，并建议派侦察巡航艇去那一带海域侦察情报并报告桑普森。然后，美国舰队就开赴圣胡安，寻找一次决定性的海上作战。但是，桑普森却在5月3日放松了对古巴的封锁，率战列舰"衣阿华"号和"印第安纳"号、装甲巡洋舰"纽约"号、两艘浅水重炮舰和一艘布雷艇驶往波多黎各。由于浅水重炮舰的拖累，整个舰队的航速减慢了。直到5月12日才到达圣胡安。没找到塞韦拉，他就向海岸炮击了一个小时。只造成了很小的破坏，而海岸的还击却给他带来了8人伤亡的损失。

马汉斥责了桑普森去波多黎各的行动。美国在加勒比海的主要作战目标是采用登陆占领古巴，然后打败或封锁西班牙舰队。既然如此，在塞韦拉的位置确定之前，古巴应是这次海战的战略中心。桑普森放弃古巴的行动，用马汉的话说，就是放弃了自己的战略中心，进行了一次没有把握优势的古怪行动。

加勒比海风光

事实上，塞韦拉早已料到桑普森会这么干，乘着北大西洋分舰队化整为零的时机——施莱在诺福克，桑普森在圣胡安，几艘舰在基韦斯特，剩下的几艘在古巴海面执行封锁任务，"俄勒冈"号也刚接到命令正从太平洋驰来，西班牙人成功地躲过了这些对头，溜进了古巴的后门。在以不足7节的速度横渡了大西洋后，塞韦拉曾要求在马提尼克岛

勇敢者的圣地——美国海军军官学校

加煤，不料却遭到了法国人的拒绝。于是，他又驶向库拉索岛，那儿的荷兰政府比较友善。加足燃料后，他又直驶古巴。

神秘的马提尼克岛风光

桑普森对圣胡安做了一无所获的进攻之后，在返航中收到了塞韦拉已到达加勒比海的消息，他丢掉了两艘浅水重炮舰，全速驶向基韦斯特。5月18日，桑普森到达了目的地。这时，施莱从诺福克派出的"飞行中队"也提前赶到。桑普森相信西班牙舰队带来了保卫哈瓦那的弹药，因此，加强了对它的封锁，并派有"衣阿华"号加强的"飞行中队"驶往古巴南海岸，封锁与哈瓦那有铁路联系的西恩富戈斯。而塞韦拉此时又一次猜到了桑普森的意图，他直接驶向远在东南方的圣地亚哥。19日上午,当他沿着狭窄的海峡驶入港口时受到了"祝贺",安全抵达圣地亚哥本身就是一个不小的胜利,但现在他再也想不出什么高招了,唯有停泊在港里,等到9天以后被美国舰队围困起来。

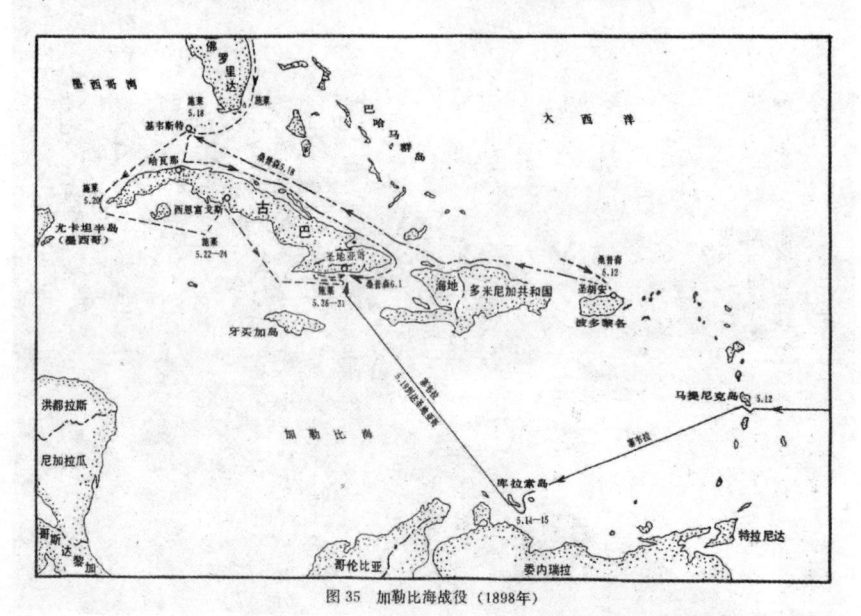

图35 加勒比海战役(1898年)

加勒比海战役(1898年)

与此同时,施莱正在驶往西恩富戈斯的途中。到达之后,他没有发现港里有什么情况,但却见到了浓烟,根据这一点他猜想西班牙人可能在那儿。桑普森根据各种迹象认为塞韦拉在其他地方,于是他派通信快艇告诉施莱:"西班牙人可能在圣地亚哥……如果你对他们不在西恩富戈斯感到高兴,那就火速向圣地亚哥进发,但要小心。如果敌人在那儿,就把它封锁在港口内。"24日,施莱与岸上的古巴起义者取得了联系,在肯定塞韦拉不在西恩富戈斯后,就驶向了圣地亚哥。由于一艘炮艇在波涛中遇上了困难,有一段时间整个舰队的速度只有6节,所以直

勇敢者的圣地——美国海军军官学校

到5月26日，他才完成了315海里的航行。距圣地亚哥还有20海里时，他与3艘美国侦察巡洋舰取得了联系，但这3艘舰都没发现塞韦拉。

施莱开始担心自己的燃煤情况，尽管他有一艘运煤船，但要在波浪滔天的大海上加煤是不可能的。那天晚上，他命令自己的舰队返回基地加煤。因为运煤船推进器的延搁，第二天上午他被一艘侦察巡洋舰拦住，收到了华盛顿的严厉指令："海军部得到的情报表明，西班牙舰队仍在圣地亚哥。海军部命令你证实这个判断，如果敌人确在此处，不采取断然行动不许离开。"施莱答复道："很遗憾，不能服从海军部的命令，必须经尤卡坦海峡回基韦斯特加煤；无法证实任何关于敌人的情况。"幸运的是，海面很快平静下来，"飞行中队"可以接受加煤了。施莱返回圣地亚哥，5月28日上午在港外锚泊。第二天早晨，他清楚地看到了停在入口处的"克里斯托瓦尔·科隆"号，它已经停在那儿4天了。6月1日，桑普森到达了圣地亚哥外海，接过了总指挥权。他的分舰队里增加了刚抵达的"俄勒冈"号。被化整为零的北大西洋分舰队终于又形成了一个拳头。

美国北大西洋舰队副司令施莱海军准将

海军将帅

当时，美国军舰都进入了封锁位置，5艘战列舰呈半圆形停泊在离港湾口 5~6 海里的水域，其他小型舰只则在海岸近处游弋。夜晚，军舰稍稍收缩靠拢，并有一艘舰上的探照灯照着入港口。在长达 30 多天的封锁中，舰队经常炮击莫洛和其他保卫圣地亚哥的海岸炮兵。入夜后，实验巡洋舰"维苏威"号依靠 3 门固定的 15 英寸口径的大炮筒中的压缩空气发射 1500 磅的硝化甘油炸药炮弹，景象蔚为壮观，只是效果不佳。为了占领圣地亚哥附近的一个前方基地，以便为参加封锁的军舰加煤，补充给养和维修，大约 650 名海军陆战队队员在 6 月 10 日占领了古巴的关塔那摩，经过一个星期的战斗才站稳了脚跟，他们是在西班牙领土上战斗的第一批美国人。

塞韦拉被困在三面是陆地环绕的圣地亚哥港口里，已经不会造成什么威胁了，但这毕竟是一支建制齐备舰队，一旦突围成功，对美国在其他地区的行动就会起牵制作用。只要存在着西班牙军舰干涉登陆或其他行动的可能性，美国在古巴海域内就不能有完全的自主权。可是，桑普森的舰队又无法通过水雷密布，狭窄曲折的海峡进入港口。此外，海岸

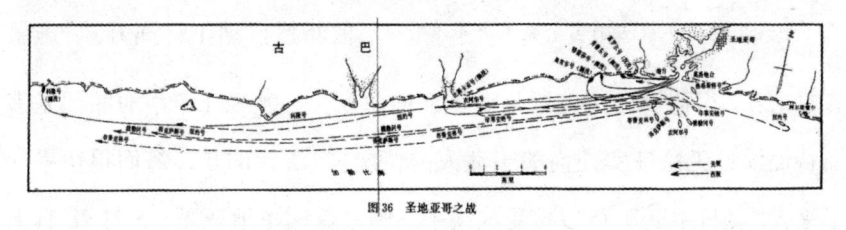

图 36 圣地亚哥之战

圣地亚哥之战

炮兵的炮火又阻拦了排雷行动。如果硬要闯过雷区，那编队中只要有一艘军舰被炸沉，就可能把已经进港的军舰与尚未进港的军舰分割成两

段。最后的一招是在港湾的入口处沉一条船，这条沉船既不会被风浪卷走，也不会让敌人在夜里逃出去。桑普森选了7名水手在造船技师里士满·霍布森的带领下准备在海峡的最窄处炸沉一条小运输舰，但这条运煤船被西班牙人发现了，海岸炮兵开火打伤了船舵。这条船漂过了最窄处后才沉没，只造成了一个小小的障碍。

封锁港口的尝试失败后，情况变得很清楚了，要想拔掉这颗钉子的方法只有两个：一个是把西班牙分舰队引出港后将其消灭；另一个是桑普森的舰队尾随着西班牙舰队入港。桑普森向华盛顿要求派兵打击海岸炮兵，使他能派小艇排雷。

到这时，只有海军和少数海军陆战队参加了战斗。急于参战的陆军很快就在坦帕集结了1.6万名士兵，由陆军少将威廉·沙夫特指挥。5月31日，陆军部给沙夫特下达命令，要求他：在海军的掩护下前往古巴圣地亚哥附近，并在你认为合适的西部或东部登陆，然后将部队部署在能俯视港口或内陆的高地或山上，使你能最有效地俘获或歼灭当地敌军。要支援海军小艇排雷，并协助海军俘获或摧毁圣地亚哥港口内的西班牙舰队。

沙夫特被授予了相当大的自主权，他有权自行判断，并有权在他认为合适的时机对圣地亚哥城和西班牙陆军的主力开战。海军的任务是特定的，而沙夫特却有选择行动的自由。这一事实表明，海军部与陆军部之间是不协调的。另外，需要相互支援和共同作战的沙夫特和桑普森两人除了美国总统之外，竟没有一个共同的上级。

这支作战部队乘商船在海军的护送下于6月中旬从坦帕出发，20日到达了圣地亚哥。部队中包括伦纳德·伍德将军的义勇骑兵。此外西

走进科学的殿堂

奥多·罗斯福也随船到达,大战在即的时刻,他无法坐在海军部的办公室里。陆军在离圣地亚哥18海里的代基里登陆,登陆很费劲,共耗时4天,海军给予了支援,派小艇运送部队上岸。

6月20日,桑普森少将和加西亚将军等古巴军官与沙夫特将军进行了惟一的一次协商。会上并没有做出任何决定,但桑普森对这次协商还是满意的,因为沙夫特已经同意将海岸炮兵列为打击目标,而沙夫特也同样相信桑普森已经同意将圣地亚哥城作为陆军的攻击目标。这位将军后来声称,在他对桑普森的一位参谋口述的备忘录中记录着这次攻击

海军将帅

迷人的圣地亚哥风光

圣地亚哥城的决定。无论怎样,当后来沙夫特率领他的部队直接插入内

陆时，桑普森一直认为这是一场佯攻，随后就会出现对海岸炮兵的攻击。几天后，当沙夫特将军通报桑普森说，圣地亚哥城是他的进攻的目标时，桑普森大吃一惊。

此时，陆军部队因为崎岖的道路和重重路障的阻拦，加之热带的酷暑，行进速度缓慢。在圣胡安山和埃尔卡尼，撤退中的西班牙人进行了抵抗，给登陆部队造成了近十分之一的伤亡。63岁，体重超过300磅的沙夫特因发烧出不了帐篷。这一打击使他有些惊慌，准备撤退了。他给桑普森发了一封急信："昨天进行了一场恶战，但我的战线已经推进到离城市3/4英里处并在那里掘壕固守。请速采取行动对人港口施加压力，避免我部的更大伤亡。"这样，因各种原因被困在城外的陆军现在要求海军进入雷区，以援助被桑普森将军认为误解了陆军正确使命的陆军作战部队。桑普森因无法通过信使与沙夫特就陆、海军各自的作战任务达成协议而十分恼怒。7月3日，他乘旗舰"纽约"号沿海岸线东驶，去与沙夫特面谈。桑普森此次离开圣地亚哥封锁线造成了后来与施莱的争议。桑普森还没上岸，他与沙夫特的分歧就被塞韦拉给解决了。虽然美方认为形势紧迫，但西班牙人也有同感。他们相信圣地亚哥城保不住而且自己的舰队就要被俘获了。为了防止坐以待毙，布兰科总督从哈瓦那打电报给塞韦拉，要他不惜一切代价将舰队开出港口。塞韦拉乘桑普森离开封锁线和"马萨诸塞"号去关塔那摩加煤的机会启航了。上午9时35分，西班牙旗舰"玛丽亚·特雷莎"号为先导，后面跟着巡洋舰"比斯卡亚"号、"克里斯托瓦尔·科隆"号、"奥肯多"号和两艘驱逐舰。"纽约"号发现了"特雷莎"号在人港口处冒出的浓烟，它立即转向，并发出了战斗警报，全速西驶，试图赶去协助施莱指挥战斗。桑普森离开时将作战指挥权交给了施莱。

在圣地亚哥城外的海面上，封锁港口的军舰收拢了。"特雷莎"号刚一露面就遭到了打击。"特雷莎"号向施莱的旗舰"布鲁克林"号冲来，好象要迎头撞击。"布鲁克林"号向左舷转向，正好横在了"得克萨斯"号的舰艏。"得克萨斯"号全速倒车。"布鲁克林"号差不多转了一整圈后才与其他正在追击已经冲出封锁线的西班牙舰队的美舰一起向西追去。"布鲁克林"号为什么起初向东而不向西？是为了避免碰撞，还是为了给别的美舰让开射界，或是为了拉开距离？这个疑问始终没有令人满意的解释。施莱本人也只是说："那是在当时情况下采取的机动措施。""毫无疑问它扭转了败局。"

速度很快的"布鲁克林"号不多时就赶超到舰队的前头。紧随其

"克里斯托瓦尔·科隆"号装甲巡洋舰

后的是"俄勒冈"号、"衣阿华"号、"得克萨斯"号和"印第安纳"号。与此同时，经过改装的小快艇"格洛斯特"号紧紧咬住了两艘西班牙驱逐舰。在美国军舰密集的炮火轰击下，"特雷莎"号大约中了30

发炮弹，蒸汽管道断裂，木制甲板起火。它向岸边驶去，在离港口以西6海里处抢滩。

"奥肯多"号和"比斯卡亚"号起火后也抢滩了。塞韦拉舰队中只有一艘最快的巡洋舰"克里斯托瓦尔·科隆"号驶出了美舰炮火的射

"科隆"号上的部分军官合影，
正中间是舰长。后面可以看到未安装主炮的10英寸炮塔。

程，企图逃跑。锅炉兵借着法国白兰地的酒劲儿表现出异常的蛮劲，"科隆"号以14节的速度向西疾驶。经过55海里的逃窜，舰上那帮靠酒精刺激的黑人水兵已经变得昏昏欲睡了。这时，"布鲁克林"号和"俄勒冈"号终于追了上来，在美舰的轰击下"科隆"号受了轻伤，驶向岸边降旗投降了。此时，正在与小快艇"格洛斯特"号激战的那两艘西班牙驱逐舰也处于"印第安纳"号的火力之下。一艘驱逐舰被一

走进科学的殿堂

发13英寸的炮弹差点炸成两截，另一艘也被较小的炮弹重创，向"格洛斯特"号降旗投降后不久就沉没了。

像在马尼拉湾战斗中一样，一支装备优良的舰队在正确的指挥下全歼了一支装备低劣的舰队。西班牙在圣地亚哥战役中的损失是：160人伤亡，1800人被俘，其中包括塞韦拉本人。美国的损失是死伤各1人。

打败塞韦拉具有深远的影响。处于海军炮火之下的圣地亚哥城不到半个月就弹尽粮绝困守不住了。于是，托拉尔将军将城市和他的2.2万人的部队正式向沙夫特将军投降。少数几艘正在驶往马尼拉湾，准备与杜威交战的西班牙舰艇也在红海返航，唯恐北大西洋分舰队乘胜进攻西班牙本土。美国在加勒比海已经有了无可争议的控制权，美国远征军在海军的支援下在波多黎各登陆，并向其首都逼近。7月底，由于美国军队所向无敌，海军计划对西班牙本土进行一次攻击，西班牙马上提出和平请求。1898年12月10日，美西双方在巴黎签署了最后的条约。西班牙放弃对古巴的一切要求，并把波多黎各、关岛和菲律宾割让给美国。

海战刚刚结束，美国国会便于1898年5月16日开会，破例授予他少将军衔，次年2月，国会又晋升他为海军特级上将，这是美国海军最高等级的军衔，杜威也是迄今唯一获此殊荣的人，享受了极高的荣誉。

美西战争结束后，杜威当选为美国新成立的海军总委员会主席，对美国海军进行大刀阔斧的改革，组编了符合美国海外利益的太平洋舰队和大西洋舰队。他于1902年离开海军岗位。1917年1月16日，杜威离开人世，享年80岁。

勇敢者的圣地——美国海军军官学校

五星上将尼米兹的学子生涯

1885年2月24日,尼米兹出生在美国得克萨斯州弗雷德里克斯堡一个德国移民家庭。父亲在他出世前就不幸去世了。在他的童年时代,他的祖父对他进行了关于大海的启蒙教育,使他对大海产生了浓厚的兴趣。由于家境贫寒,有志就学的尼米兹决定报考军校。1901年,年仅16岁的切斯特·尼米兹踏进海军军官学校校门时,他没有意识到自己赶上了难得的好机遇,登上了美国海军飞速行驶的战船,因为曾被忽视达20多年之久的美国海军正处在一个灿烂的复兴时期,从此以后,他把自己的事业和荣誉与海军紧密地联系在一起。

19世纪中期,由于债务负

切斯特·威廉·尼米兹

担、战争消耗以及政治上的改组和国内资源的开发，海军的发展受到了严重限制。当时，美国海军力量已退居世界第 12 位，排在中国、丹麦和智利之后。海军这个军种在那个时代很缺乏吸引力，1878 年，美国海军总人数不超过 60000 人。对于海军的可悲状况，一些海军军官无法保持沉默，他们聚集在海军学院，呼吁进行改革，通过论坛和杂志的形式，渐渐造成了有利于海军建设的舆论。一些议员也倡议向海外显示美国的力量和威望。得克萨斯州的民主党参议员塞缪尔·马克西大声疾呼："世界上哪有作为一等强国而没有海军之理！"或许正是他的这番言论，才使日后同样来自得克萨斯的尼米兹得以加入海军并脱颖而出。

切斯特·威廉·尼米兹

1893 年，克利夫兰再次当选总统，他与海军部一改过去民主党的传统主张而转向主张扩大海军。到 19 世纪末，美国海军已跃居世界第

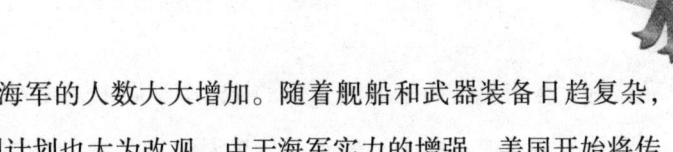

5位，应征入伍海军的人数大大增加。随着舰船和武器装备日趋复杂，有关的教育培训计划也大为改观。由于海军实力的增强，美国开始将传统的沿海防御战略转为主动扩充的态势。

曾任海军次长的西奥多·罗斯福总统大力支持海军的扩展。国会批准在1898年到1921年间，每年至少造一艘战列舰，其间只有1901年因船厂负担过重、生产能力跟不上而没有建造。正是这一年，切斯特·尼米兹进入海军军官学院。

美国海军军官学院在19世纪末以前一直处于死气沉沉的状态。切斯特·尼米兹进入海军军官学院开始了他海军学员生涯的时候，正是美国海军蓬勃发展、海军学校处于空前发展的时期。和尼米兹同时入学的学员总共有131名，都在一个班，这是该校1845年创建以来人数最多的一个班。国会决定，海军学校增加学员，一是为了弥补在美西战争中暴露出来的海军军官的不足，二是为西奥多·罗斯福扩充海军培训军官。同时还决定，全面更新海军军官学校的教学设施，准备以花岗石和灰砖建造一座富丽堂皇的法国复兴式教学大楼，还要建一幢世界上最大的宫殿式学员宿舍——班克罗夫特大楼，以取代内战前建造的日渐破损的砖楼。

当时，豪华学员宿舍刚刚开始动工，学校一下子招了这么多新学员，宿舍不够使用。尼米兹和班上的一些同学不得不挤在临时性的木屋里，条件十分艰苦。这种房子难以保持清洁卫生，缺乏必要的洗澡设备，而且夏天酷热难当，冬天寒冷彻骨。

虽然条件艰苦，但这对于来自艰苦地区的尼米兹来说，根本算不上什么困难，所以他比一些来自城市的同学能更快地适应这种环境，他的

走进科学的殿堂

勤奋好学在班里是出了名的。为了补上中学尚未完成的课程，切斯特保持了他的老习惯：每天早晨4点半起床，一直学习到吹起床号。同屋的艾伯特·丘奇来自爱达荷州，他和尼米兹一样学习刻苦，两个人的成绩在班上一直名列前茅。

爱达荷州风光

尼米兹与丘奇互敬互爱，相处得十分融洽，经常一起谈论他们成长的不同环境，回家时做了些什么。丘奇谈到他所喜欢的狩猎，切斯特则说了许多爷爷带他去钓鱼的事。这位爱达华的年轻人说："我们家不怎么钓鱼，我们觉得买鱼比抓鱼要容易得多。"切斯特大笑说："我们买不起鱼，即使我们家买得起，我无论如何也得去钓鱼，对我来说钓鱼是一件很有趣的事。"

勇敢者的圣地——美国海军军官学校

在第一学期，尼米兹害了一场重病，一天下午，他在户外工作后出了一身汗，站在通风的地方等候进入洗澡间，突然感到全身发冷，由于体质虚弱，患了肺炎，不得不住了一个月医院。在住院的日子里，尼米兹很为自己耽误的课程担心，出院以后，他加倍努力，很快又将成绩赶了上来。

由于尼米兹和同屋的丘奇学习成绩优异，班上一些学员出于嫉妒心理，要求教员把他俩分开，让他们与学习差的学员同住。对此尼米兹并不乐意，但他还是接受了这一安排。渐渐地，他不再认为这是一种刁难行为，而去尽心尽力地帮助落后学员，使他们通过了及格线。

海军学校的管理有其特有的军营式的严厉，有时甚至不近人情。虽然学校规定不允许体罚，但是高年级的学生可以任意支使新学员，给他们起外号，还要求他们进行近于体罚的长跑。高年级学生声称，对新生的体罚是为了淘汰那些在极大压力下缺乏自制力的人。高年级学生常常用粗鲁的言语或者想一些鬼点子，戏弄和欺负老实人。他们告诉一年级新生说："这是我们区分成人和孩子的做法。"但这些都没有使这个从得克萨斯来的16岁孩子感到为难，也许这是因为尼米兹爷爷已经给他打下了基础。切斯特·尼米兹被同学取名叫"纳丘"或"纳蒂"，他对这一切泰然处之，非常听话地服从高年级学员的指挥，这反而使高年级学员自感没趣了。童年时的尼米兹因为客人叫他"狮子头"就大发其火，而现在他能够这样做并不是件容易的事，这说明他已经由孩子成长为大人了。

海军学校的教学方法注重启迪学员的主动精神，教员几乎每天都要用没有讲过的指定教材来考学员。当班长向教员报告到课人数后，教员

很可能就说:"先生们,拿出习题纸,看黑板。"习题纸上的习题大都是从指定教材中选出来的,要学员解答或在黑板上说明。之后,教员在教室里走来走去,给学员纠正错误、评分和讲评。

海军学校的启发式教学法很对尼米兹的口味,而班上的同学不全是这么幸运,有些习惯于灌输式教学法的学生,常常抱怨教员没讲什么东西。来自弗吉尼亚州的学员乔治·斯图尔特对切斯特说:"纳蒂,只要他们给我多做些讲解,我可能会考得更好些。"拥护学校强制学员自学的切斯特说:"他们当然不这么做,我们是到这儿来为自己学习,为自己奋斗的。"

尼米兹在学习上富有主动精神,自学能力很强。切斯特在准备海军军官学校的入学考试时,曾经专心致志地学习了好几个月。现在他已经不需要别人讲解,就能够自学教科书了,他几乎是在按自己的计划领会教学内容。有一次,他被叫到黑板上演算习题,他没有按书本的方法去做,而是按自己设想的方式求出了正确答案,老师感到十分惊奇。

尼米兹不仅学业优秀,还能抽出时间大量阅读课外读物,丰富自己的知识。但是,他很快意识到,有些最有价值的经验不是从书本中能学到的,这使他更注重发挥主观能动性,为明确的奋斗目标而学习,有针对性地删繁就简,领会实质。

对尼米兹在海军军官学校的进步,没有人比查尔斯爷爷更为关心了。1902年2月,老尼米兹在给孙子的一封信中是这样写的:

我亲爱的孙子切斯特:

下星期一你就满17岁了,我写信祝你身体健康,祝你在学习三角和西班牙语等新课程中取得进步。但愿你在学习中不致发生困难,像过

勇敢者的圣地——美国海军军官学校

去学习其他学科那样取得好成绩。你的成绩单收到了。我和你父亲以及查理叔叔对你的学习成绩感到高兴。如果我们对名次的理解正确的话，你的分数居于良好和优秀之间。任何人都不能再有更高的期望了，甚至托兰教授对此也是满意的。

希望冬天最冷的日子已经过去，你能到户外锻炼了。这是全家的祝福。我们从报上得知许多德国学员乘德国"莫尔特克"号训练舰到你校访问，想来已经结束了，你觉得有趣吧。下月底海因里希王子去你校访问时，你无疑又会获得乐趣。你们也许会举行盛大的阅兵式。我想不出给你寄什么生日礼物，因此，我查阅了大批旧信，给你介绍一些家史……

老尼米兹随信附有很多张有关尼米兹家族的家谱，一直追溯到13世纪，显然这是老年人喜爱的一件事情。尼米兹收到这么珍贵的生日礼物感到十分高兴，

威廉·弗雷德里克·哈尔西

他一直把它们很好地保存着。

每个星期六早晨，切斯特和其他学员都要乘"切萨皮克"号铁帆船去进行海上训练。这艘船的船长，也是水手系的主任，是未来的海军著名将领比尔·哈尔西的父亲威廉·弗雷德里克·哈尔西海军中校。比尔是1904年级的学员，比切斯特早一年，曾是海军军官学校历史上两

海军将帅

个最差的足球代表队中的一名后卫。比尔常自称他是该校两个最差劲足球队里的一个最蹩脚的后卫。

切斯特曾被选入学校划船队，当上了指挥全船划桨速度的主要划桨手，但表现并不出色。他参加各种运动都是为了娱乐，特别是网球。他一向重视体育锻炼，在不参加竞技性运动比赛的情况下，坚持散步、跑步或游泳等。

尼米兹在海军军官学校的第一个夏天的航海生活，是乘"切萨皮克"号顺切萨皮克湾而下，穿过弗吉尼亚角进入大西洋，然后同学员水手组一起回到缅因州的哈伯湾，受到来这里避暑的富裕主人的款待。尼米兹开始接触到他离开得克萨斯州所要探索的伟大世界的成就和奥秘。

"马萨诸塞"号战舰

后来，尼米兹曾乘美西战争中的老战列舰"马萨诸塞"号和"印第安纳"号以及一艘驱逐舰出海航行。在驱逐舰上,他的耳朵出现脓肿。因为舰上没有医生,舰长把他叫到机房里用一个可能没有消毒的喷油器将硼酸注射到他发炎的耳朵里。尼米兹的耳朵有点聋可能是这次脓肿的结果。因此,他学会观察别人说话时的口形变化,以弥补他听力上的缺陷。

在尼米兹上一年级的时候,埃德加·麦克莱的《美国海军史》第3卷出版了,由此引发的桑普森-施莱事件给尼米兹带来的极大触动。麦克莱的这本新书被海军军官学校选作教材,书中谈到美西战争时,对温菲尔德·斯科特·施莱准将在加勒比海海战中的行为作了严厉批评,指出他不服从命令,缺乏进取精神,延误了对敌人的封锁,在圣地亚哥战斗中是个十足的懦夫。战斗开始时,美国舰队司令威廉·桑普森海军少将正在他的旗舰上同岸上来的美国将军商谈事情,他把指挥封锁的任务交给了施莱。战斗中西班牙舰队抓住时机,突然冲出港口并以密集火力射击,突破了封锁线沿古巴海岸向西逃去。

所有的美国舰只,除施莱的"布鲁克林"号巡洋舰外,都向西追击。莫名其妙的是,"布鲁克林"号听从施莱的命令却往东航行,几乎同"得克萨斯"号相撞,然后才兜了一个大圈子跟上大队去追击,战斗最终以西班牙舰队的覆灭而告终。麦克莱在叙述这一事件时,认为这是"一艘

"得克萨斯"号战舰

美国战舰的可耻洋相，它虽有优于敌人的兵力支援……却故意夹着尾巴逃跑。"

当麦克莱的指责公布后，美国公众为之震动，全国报刊舆论一片哗然。他们曾把杜威、桑普森、施莱当作战胜西班牙的美国海军英雄加以崇拜，而今把其中的一个贬为指挥无能、犹豫不决的懦夫，实在令美国公众难以承受，他们的民族自尊心受到伤害。施莱在盛怒之下，要求海军军官学校不要采用麦克莱的第三卷作为教材。海军军官学校满足了他的要求，出版商也收回了全部没有卖出的书籍，并要求作者对有关段落做必要的修改。

但是，报刊上已经引用了书中的有关段落。施莱为了挽回他在军事上的名誉，要求法庭调查。以杜威将军为主席组成法庭，审查这个案件达40天，搜集的作证和调查材料足足有2000多页。不幸的是，事情发生了意想不到的变化，对作者和出版商的起诉变成臭名昭著的桑普森—施莱纠纷事件。这两位军官的支持者在法庭内外对谁是圣地亚哥真正的胜利者争吵不休。人们最初还有兴趣，后来对这个有损尊严的闹剧感到厌倦了。《华盛顿邮报》用近乎可笑的漫画对法庭审理此事进行了描绘。法庭调查的结果各不相同，不但没有解决分歧反而加深了分歧。最后，西奥多·罗斯福总统下令双方停止争论，他说："无论何方都没有理由再对这个不幸事件进行任何争论。"

加勒比海战，美国海军本来以显赫的荣耀凯旋而归，却因这一事件披露的领导人的行为而被人嘲笑。海军的成员和朋友们都为之深感苦恼。对忠于海军事业的学员尼米兹来说，这就像受到了一种无可比拟的创伤。年轻的尼米兹对这种有损海军威望的争吵感到愤慨，发誓假如有

勇敢者的圣地——美国海军军官学校

朝一日处于有权的地位，将不再让这类公开品评海军长短的事情发生。在他后来担任要职的有生之年，他的确是处处维护海军声誉，坚持以大局为主，尽可能地预防和避免了一些公开的争论，特别是那些涉及人身攻击的争论。他尽一切努力维护部属的感情和名声，即使在他们没有完成任务的时候也是如此。

每年夏天，尼米兹所在的这个班都要离校实习，从事军事科目训练。有一些教官喜欢故弄玄虚，尼米兹对这种做法十分不满。他认为一个教官的威信来自于明晰、简洁、正确的指令，而不是想方设法让学员盲目地依从。

在一次航行中，一个教官为学员做示范，但他发出的命令，把配合训练的水兵弄得晕头转向。还有一回，教官试图难为学员，他把学员的队列完全打乱、颠倒，然后要求学员发6次口令把队列恢复到原来的位置。有几个学员试了试，都没有成功。教员十分自得，摆出一副傲慢的样子准备给出他的答案。尼米兹站了出来，他准备摆脱教官的思路，运用极为简单而又巧妙的方式解决问题。

他自信地说："我只需要两次口令就够了。"

教官不相信，轻蔑地说道："那么你就证明这一点吧！"

学员们已经立正站好，尼米兹发出第一个口令："解散！"他们照此做了。然后，尼米兹发出第二个口令："面向我整队集合！"学员们迅速排列成原来的队列。

尼米兹学习刻苦，但他绝不是那种"两耳不闻窗外事，一心只读圣贤书"的书呆子。他继承了爷爷开朗活泼的个性，乐善好施，广交朋友，他认识的学员比他的大部分班友都要多。他经常讲一些得克萨斯州

的故事为大伙消遣，有时他的故事还插进了一些惊人的妙语和黄色内容。对他来说，没有什么比同大伙在一起聊天更让他高兴了。

在校园橄榄球联赛的季节，尼米兹认识了比他高一年级的比尔·哈尔西。每逢周末，尼米兹和其他学员都要乘"切萨皮克"号铁帆船去海上训练。值得一提的是，比尔·哈尔西尽管比尼米兹年高一级，但在整个太平洋战争中一直位居尼米兹之下。比尔绰号"公牛"，是尼米兹手下的得力干将，两人从学生时代培养起来的情谊在共同从事的事业中一直得以保持。

一天傍晚，哈尔西练完球找到尼米兹，请他为自己遇到的麻烦出谋划策。哈尔西说，我们穿工作服练球被海泽上尉发现了，海泽给违反规定的4个人记了黑点子。我已经被记3次啦！再有一次，就要在星期天被圈起来练球了。如果我不打算在星期天练球，就得在星期六把3个黑点去掉。

海泽上尉是一个30岁出头的单身汉。他只有一个心眼儿，就是为发展海军出力。由于两次任期没有提升他的级别，使他很恼火。办事严谨、毫不通融是海泽上尉的一贯作风，他凡事喜欢循规蹈矩。对于这样的军官，尼米兹一般是不去触犯的，但好朋友遇到问题，尼米兹又不能坐视不管。他想了想，也许是从小时候看到的爷爷的恶作剧中获得了启发，他很快想出了一个捉弄人的方案，哈尔西听了直乐。

海泽上尉在星期三不管学员的操练，因为他要在这天下午去市镇购物，回来时常抱着大包小包从军人人行道回单身军官宿舍。学校的东门是乘坐公用车辆下车的地方。这里有一条军人人行道通到学员和未婚军官的宿舍，浓密的树木像篱笆那样遮掩着这些房屋，前面有五英尺高的铁栅栏，通向各座房屋的军人人行道在每座房前20至30码处，从宿舍楼出来的人在人行道是看不见的。

这天，海泽上尉抱着东西从镇上回来，向宿舍走去，走到人行道第一段路时，一个学员快步而出挺身向他敬礼，海泽吃了一惊，但很快想起来，小心地放下东西回礼，然后再拿起买来的东西。到了第二段路上又发生同样的情况，走过第三段和第四段时也是这样。这时开始下雨，海泽停了下来。当他走到第五段路上时，他只好大声吼了一句："稍息！"。

下一个星期三海泽回来时没有带东西，所以他走在路上没有人阻拦他。再过一星期当他两只手又捧了一大堆东西回来时，学员们又对他敬礼，此后，学员们每当他回来不管有没有带东西，都站在各个路口等着。最后海泽上尉急了，扬言要开除他们，这才制止了这场闹剧。这样，学员穿工作服练足球的事也就不了了之了。

尼米兹对比尔·哈尔西说："海泽上尉手上抱满了东西，本来可以不还礼的，但我预料到他不会违反条例。"比尔·哈尔西大笑不止："我说过，你的高招会解决我的问题的。"

1904年9月，尼米兹所在的班休假返校时，班克罗夫特大楼的第一个侧楼已经竣工，他们作为高班生，住进了新楼。那时尼米兹已是戴三条杠的第8连连长。为了督促服装店赶制毕业服，他们班被允许在课余时间"自由出入"安纳波利斯大门，尼米兹曾回忆说："我们充分利用了这个特权。"

周六下午，尼米兹和同班的一些同学为了活跃生活，决定组织一次屋顶晚会。尼米兹负责去买啤酒。他身着袖上缀着三条杠、领上挂着三

走进科学的殿堂

颗星的军服，昂首阔步地走出军营大门。

在距离学校不远的一家服装店的后屋里，尼米兹把一打冰啤酒装进箱子里。这家服装店为了照顾一些特殊顾客，经常为他们代购啤酒。尼米兹在服装店里遇到了一位头发乌黑、身着便服的绅士。店主怕麻烦，未将穿军服的尼米兹介绍给他。尼米兹拎着啤酒，有些胆怯地快步溜出了服装店。

星期六晚上在屋顶举行的啤酒晚会十分成功。

星期一，当尼米兹领着组里的同学去上航海课时，他惊奇地发现星期六下午在服装店遇到的那位绅士正穿着军服，坐在教员的座位上。他是利瓦伊·卡尔文·贝托利特海军少校，海军学校1887年的毕业生，最近才调到母校任教。

尼米兹心里七上八下，生怕两天前的一幕被贝托利特回忆出来。尼米兹猜想，如果课后教官找他谈话，那么他的海军生涯可能要因此提前结束了。

但那件事并没有引起什么后果，不知是有意还是无意，贝托利特似乎并没有特别在意这位在服装店偷买啤酒的学员，或许是认为此事无关紧要，决定网开一面。总之，贝托利特没有追究此事。

但这件事却引起了日后成为高级将领的尼米兹的深思，他后来说："这次越轨行为给我上了一课，它使我充分重视自己的过失。同时也使我懂得，对待初犯错误的人，应采取宽大为怀的态度，期待他们自己的觉醒，这是一种尊重，也是一种信任。"多年以后，尼米兹不忘此事，一直希望能在部队中再见到贝托利特，并当面感谢他。可惜他们再也没有碰到面。贝托利特于1912年辞别人世。

勇敢者的圣地——美国海军军官学校

尼米兹曾写信向爷爷诉说起这件事,爷爷以他一贯的宽容和风趣的口吻说:"孩子终归是孩子,我希望那是德国啤酒。"

尼米兹当学员时,是海军军官学校发展最快的时代,但当时学员人数并不太多,总共不超过 700 人。第二次世界大战期间的大多数海军将领,同尼米兹一样,都是从海军军官学校毕业的。他们彼此之间都十分了解,许多人在校时便已是挚友。因此,在第二次世界大战期间,海军指挥官之间都很熟悉。

由于海军扩大,军官人数不足,切斯特·尼米兹和同班同学提前 6 个月于 1905 年 1 月毕业,这时切斯特还不到 20 岁,他是海军军官学院毕业生中最年轻的一名学员。根据他们毕业的级别应为"委派军官"而不是"任命军官"。他们要在海军中服役两年后,才可能被正式委任为海军少尉。在此期间,他们服役的档案由海军军官学校保存,并定期由学术委员会评审。

1905 年 1 月 30 日,尼米兹和他的同学们通过毕业考试,结束了枯燥严格的军校生活,正式踏入美国海军的行列。他们身着蓝色的海军军官制服,神采奕奕,雄心勃勃,怀着一颗遨游四方的心境憧憬着美好的未来。

尼米兹以他出众的才能、富有感染力的人格魅力在 1905 届学员班中脱颖而出。一个学员在 1905 年海军军官学校年鉴中撰文赞扬尼米兹,说他"具有荷兰人勇往直前、从容不迫的性格",作者还情不自禁地引用英国著名诗人华兹华斯的诗句来形容尼米兹是"一个对昨天感到愉快,对明天充满信心的人"。

在 114 名获得毕业证书的学员中,尼米兹的各科总成绩名列第 7。

走进科学的殿堂

他获得最高分数的学科有数学、军械、领航和巡航实习。全班名列第四的是罗亚尔·伊·英格索尔，他在尼米兹被任命为太平洋舰队总司令的第二天也被任命为大西洋舰队总司令。弗尔法克斯·利里名列第5名，他在第二次世界大战期间，先后在"萨拉托加"号编队、联合防区作战部队、西南太平洋海区盟军海军部队和东海岸边防军等单位担任指挥工作。在1905年毕业的学员中，共有16人先后升为海军少将以上的军衔，真可谓人才济济、将星璀璨。

海军将帅

得克萨斯州城市风光

尼米兹在毕业考试后，回到得克萨斯州老家做短期休假，这是他与国会议员斯莱顿于1901年7月离开后的第一次回家。短短的假期很快过去了。尼米兹从亲人和朋友那里，从熟悉的故乡景色中汲取了新的勇

勇敢者的圣地——美国海军军官学校

气和力量。他从圣安东尼奥乘火车去西海岸，然后与同班学友布鲁斯·卡纳加一道，去旧金山"俄亥俄"号战列舰报到。他们在一起工作一段时间后就分开了，后来几度重聚，两人保持了终生的友谊。

对于把海军事业视为终生归宿的尼米兹而言，他的锦绣前景才刚刚拉开第一幕。他清楚地意识到，他的生命中已注入了海洋蓝色的血液，他已初步实现了爷爷的殷切期望。

当切斯特·尼米兹把在海军的工作视为永久性职业时，他经常想到他的生活好像刚刚开始。看起来，命运和机会，或者还加上点运气，使他踏上了他想要走的道路。为什么会进入这样一个军种的学校而开始了一生意想不到的转折，留下许多需要回答的问题，但他不再去想它。尼米兹的生命中灌注了海军的血液，就像他爷爷预言的那样。

在第一次世界大战中，尼米兹担任"莫米"号油船的船长，驾船赴大西洋承担海上补给任务。大战结束后，改任"南卡罗莱纳"号战列舰的执行官。1922年，尼米兹被提升为上校，并进入海军军事学院深造。毕业后，尼米兹被任命为"主力舰队"助理参谋长。此后，历任潜艇部队长、后备役驱逐舰部队长、巡洋舰第2分队司令和战列舰第1分队司令等职务，在实践中进一步提高了他的军事指

日本偷袭珍珠港

海军将帅

走进科学的殿堂

挥才干。1938年7月,尼米兹晋升为海军少将,任海军特混舰队司令官。第二年被任命为海军航海局局长,成为美国海军的高层领导人之一。

1941年12月7日,日本联合舰队偷袭美国海军太平洋舰队的珍珠港基地,使美国太平洋舰队遭受严重损失。美国总统罗斯福立即宣布对日进入战争状态,并命令尼米兹"到珍珠港去收拾残局,然后留在那里,直到战争胜利!"12月17日,尼米兹被任命为太平洋舰队总司令,同时被晋升为海军四星上将。

尼米兹临危受命,立即奔赴夏威夷。此时的夏威夷一片狼藉,舰船

海军将帅

夏威夷风光

倾覆,士气低落。为了恢复太平洋舰队的士气和战斗力,他鼓励官兵"眼睛向前看,不要向后看","要树立团结精神,齐心协力作战"。他制订"积极防御,主动出出"的作战方针,选拔一些英勇善战的军官,

勇敢者的圣地——美国海军军官学校

并通过一些小的胜利，来提高鼓舞士气。

1942年1月，尼米兹指挥两艘航空母舰组成联合舰队，向日军控制的马绍尔群岛和吉尔伯特群岛发动了闪电式的空袭，并取得成功。这是美国海军在第二次世界大战中第一次得胜，极大地鼓舞了美军的士气。接着，尼米兹又策划指挥了16架B-52轰炸机对日本首都东京和神户、名古屋等城市的空袭，打击日军的气焰，进一步鼓舞了美军的士气。

中途岛海战中，被打沉的日军航空母舰——赤城

1942年5月，尼米兹把手中仅有的2艘航空母舰、8艘巡洋舰和11艘驱逐舰组成特混舰队，前往珊瑚海方向，拦截日军航空母舰，爆发了人类战争史上航空母舰对航空母舰的首次交战。战斗中，击沉日军航空母舰1艘、驱逐舰1艘、小型战舰3艘，日军损失飞机77架，人员伤

走进科学的殿堂

亡 1074 个。这是日军发动太平洋战争以来首次受挫。5 月底至 6 月初，尼米兹调集 3 艘航空母舰和 40 多艘其它舰艇，组成航空母舰作战编队群。在中途岛海战中，击沉日军 4 艘航空母舰和歼灭 250 架舰载机，取得决定性胜利。从此，美军在太平洋战场由防御转为进攻。

中途岛海战后，美军在太平洋战场迅速转守为攻。1942 年 8 月 7 日，在尼米兹筹划下，美海军陆战队向所罗门群岛南部的瓜达尔卡纳尔岛（简称瓜岛）的日军发起进攻。经过 6 个月的激战，美军牢牢控制了该岛。

1943 年 11 月至 1944 年 2 月，尼米兹率领美军太平洋战场中路大军先后夺取吉尔伯特群岛和马绍尔群岛。1944 年末到 1945 年初，尼米兹统帅中路大军，会同麦克阿瑟所部，攻占了菲律宾群岛。随后，又乘胜北进，先后攻占硫黄岛和冲绳岛，砸开了日本的"国门"。1944 年 12 月，尼米兹晋升为五星上将。1945 年 9 月 2 日，尼米兹代表美国出席了日本投降仪式。

麦克阿瑟

为了表彰尼米兹在太平洋战争中卓越功勋，美国政府将 1945 年 10 月 5 日正式宣布为"尼米兹日"。战后，尼米兹任美国海军最高军事指挥官海军作战部长。1966 年 2 月 20 日，尼米兹在旧金山附近逝世，终

勇敢者的圣地——美国海军军官学校

年81岁。尼米兹以他在二次世界大战期间在太平洋战场所铸就的辉煌而载入史册。

海军军官学校为了纪念这位对美国海军作出卓越贡献的毕业生，将学校图书馆命名为尼米兹图书馆。

海军将帅

走进科学的殿堂

众人爱戴的海军上将——哈尔西

威廉·弗雷德里克·哈尔西（1882—1959年），美国海军五星上将，自始至终参战，曾任航空母舰特混舰队司令、南太平洋战区最高司令和第3舰队司令。因作风勇猛而获绰号"蛮牛"，因为人随和又而被称为"水兵的海军上将"。

海军将帅

哈尔西生于1883年，从出生之日起，哈尔西就已经注定了要变成海军战士。他的祖先中有许多人都与海军和海上生涯有关，他父亲是美国海军军官学校1873年级的毕业生，在海军服役多年，曾被授于海军上校军衔。哈尔西的先辈中也有许多人与海军有关，这对他选择海军生涯有很大的影响。

1900年，哈尔西考入海军军官学校。1904年，由于老罗斯福

威廉·弗雷德里克·哈尔西

总统扩建海军，需要大批新军官，哈尔西便提前毕业，到一艘烧煤的战舰"米苏里"号上服役。他虽然只是一个低级军官，但渴望着在战争中大显身手。

第一次世界大战前，哈尔西受命指挥"弗鲁塞"号驱逐舰。恰巧，未来的美国总统富兰克林·罗斯福也在这艘军舰上从事海域测量工作，两人结下了不同寻常的友谊。第一次世界大战爆发，哈尔西终于如愿以偿，成为一支驱逐舰编队的指挥官。在作战中，他显露出卓越的军事才干，受到上级的赏识。第一次世界大战后，哈尔西到美国海军军官学校担任一艘练习舰的舰长，而这个学校的第一个飞行学员大队，恰巧是以该舰为训练基地的，这使哈尔西意外地获得了学习航空知识的机会。他对飞行入了迷，尽管因视力不佳未能获准参加飞行，但他确信飞机已成为海上作战舰队的重要组成部分，开始钻研航空部队如何与水面舰只合同作战的问题。

1927年是哈尔西海军生涯的重要转折点。哈尔西出任海军学院雷娜号练习舰舰长，而该舰又成为学院飞行学员大队的训练基地，哈尔西开始接触飞行。1935年，哈尔西奉命在彭萨科拉飞行学校受训之后出任萨拉托加号航空母舰舰长。两年后调任彭萨科拉飞行学校校长，晋升为海军少将。

1938年，哈尔西出任第2航空母舰分遣舰队司令，次年改任第一航空母舰特混舰队司令，旗舰为萨拉托加号。1940年春，升任航空母舰特混舰队司令，指挥太平洋舰队所辖的全部航空母舰，晋升为海军中将。同年，太平洋舰队全部移师珍珠港。

1941年随太平洋局势不断升级，美国海军不断加强太平洋的海空

走进科学的殿堂

力量。1941年11月28日,哈尔西率以企业号航母为主的第8特混舰队为威克岛运送海军陆战队飞机。按计划应在12月7日前返回珍珠港,但因为突遇狂风,延误了一天,哈尔西和企业号就此逃过一劫。得到珍珠港遭偷袭的消息后,哈尔西奉命劫击日本攻击舰队(显然是一个错误决定),但大战刚爆发造成的混乱中一系列似是而非的情报使哈尔西的舰队向珍珠港以西追击,这无疑又挽救了哈尔西和企业号,因为若与珍珠港以北的日本攻击舰队相遇,哈尔西必死无疑。

企业号航空母舰

约克城号航空母舰

海军将帅

勇敢者的圣地——美国海军军官学校

太平洋战争初期，尼米兹出任太平洋舰队总司令后提出的积极防御、主动出击的作战方针，得到哈尔西的坚决支持。1942年1月底，哈尔西率企业号、约克城号航空母舰特混舰队先后对日军占领的马绍尔群岛、吉尔伯特群岛实施了战术突袭，2月底对日军占领的威克岛进行了突袭。这些战术胜利只能为美军太平洋战争初期整体溃败中取得一点点战略平衡。

1942年4月，哈尔西升任美军太平洋舰队航空母舰舰队司令，奉命指挥两个航空母舰群。不久，他就成功地直接指挥了轰炸日本首都东京的行动。当哈尔西胜利返回珍珠港后不久，即应召前往尼米兹的办公室。尼米兹告诉他，一个秘密的军事行动——轰炸日本首都东京已获批

"大黄蜂"号航空母舰

准，并已进入最后的准备阶段。根据尼米兹的意见，决定这一行动由哈尔西直接指挥。哈尔西欣然从命。为使这次行动万无一失，他制定了周

密的计划，组织部队做了大量准备工作，还采取了严格的保密措施，甚至直到启航，部队仍不知道进攻的目标。4月13日，满载"B-25"远程轰炸机的"大黄蜂"号航空母舰，在预定海域与担负支援任务的"企业"号航空母舰为核心的第16特混舰队会合。哈尔西召集全体人员，郑重宣布："我们正前往轰炸东京。"全体将士欢呼起来。

4月18日清晨，在离东京700海里处，他们被日本船只发现了，行动不得不提前。8点15分，16架"B-25"飞机离舰腾空而起，向东京飞去。哈尔西的特遣舰队则迅速离开危险海区，安全返回珍珠港。3小时后，由杜立特中校率领的"B-25"机群飞抵日本，他们以超低空飞行，顺利地突破了敌方防线。当机群出现在东京、横须贺等城市的上

圣克鲁斯岛海域风光

空时，日本人还没来得及发出空袭警报，就被炸得乱作一团。这次轰炸虽然给日本人造成的直接损失并不大，但政治影响却是巨大的，哈尔西

也因此成为美国太平洋舰队中最知名的将领之一。

1942年4月,哈尔西和企业号为空袭东京的大黄蜂号护航。4月18日,杜立特率16架B-25从大黄蜂号航母起飞,空袭东京成功。哈尔西名声大震,但5月初珊瑚海战役发生之时,哈尔西正在赶往战区的途中。在随后的中途岛战役之前,哈尔西因患皮肤病而被迫住院治疗。没有参加珊瑚海海战和中途岛战役让哈尔西深为遗憾。

1942年10月中旬,瓜达卡纳尔岛战事对美军极为不利,尼米兹任命哈尔西为南太平洋战区最高司令(兼第3舰队司令),指挥该区的盟国陆海空三军,以扭转战局。10月24日,日军总攻开始,登陆美军则顽强据守,多次击退日军的进攻。26日,哈尔西所辖的第16特混舰队和第17特混舰队与日本联合舰队在圣克鲁斯岛海域交战,美国海军遭到战术性失利,大黄蜂号战沉,企业号重伤,日本则有2艘航空母舰受创并损失100架飞机,但是,太平洋舰队司令部认为瓜岛总的形势并非不利。哈尔西在11月8日视察亨德森机场时,提出"杀死日本佬!杀死日本佬!杀死更多的日本佬!"的口号以鼓舞守军。在瓜岛随后的一系列消耗战中,美军渐渐

山本五十六

占据了上风。

1943年2月，瓜岛日军被迫撤离。罗斯福总统为瓜岛战役的胜利而向哈尔西发出贺电。哈尔西随后晋升为海军上将。此后，日军在哈尔西的战区接连受挫。就在这时，太平洋舰队情报处破译了联合舰队司令长官山本五十六将飞抵布干维尔岛视察的情报。4月18日，哈尔西奉命组织这次"复仇"伏击行动，并最终击落山本坐机。

1943年5月，盟国决定从中太平洋和西南太平洋同时向日军发起进攻。哈尔西奉命组织指挥所罗门群岛战役。第3舰队已经得到加强，共有6艘航空母舰（舰载机540余架）、2艘战列舰、49艘巡洋舰和驱逐舰，还配属有海军陆战队。6月30日，哈尔西部在新乔治亚岛实施登陆作战，遭到日本守军的激烈抵抗。8月25日，美军攻克该岛，歼敌约9000人。根据预定计划，哈尔西的攻击目标将是科隆班格拉岛。该岛有1万日军严密设防，强攻不仅会造成重大伤亡，而且将使作战旷日持久，因此，哈尔西决定对该岛围而不攻，越过该岛而攻取韦拉拉维拉岛，为后来尼米兹提出"越岛作战"提供了成功的先例。

在布干维尔岛登陆作战之

古贺峰一

勇敢者的圣地——美国海军军官学校

前,哈尔西奉命将一些舰船和部队调给组织指挥吉尔伯特群岛战役的斯普鲁恩斯,因而必须考虑以奇制胜。11月1日,哈尔西以数处佯攻吸引日军主力却在该岛不便登陆的西海岸登陆成功,令日军震惊不已。但哈尔西所辖特混舰队远在后方补充燃料、弹药,而日本的舰队得到6艘重型巡洋舰的加强,使哈尔西面临最危急的时刻。11月5日,哈尔西在没有足够的水面舰只护航的情况下出动他的2艘航空母舰,舰载机炸坏停在拉包尔的日本6艘巡洋舰和4艘驱逐舰,古贺峰一匆忙将重型巡洋舰撤走。布干维尔岛争夺战直到次年3月才结束。

所罗门群岛战役之后,美军正式划分中太平洋战区和西南太平洋战区的辖区和任务。作为南太平洋战区最高司令的哈尔西在作战方面归麦克阿瑟指挥,而作为第3舰队司令的哈尔西则归尼米兹领导,这就难免产生摩擦。

所罗门群岛战役

1944年6月15日,哈尔西出任美国第3舰队司令,这是以4个航空母舰群为主体的、拥有500艘舰船的庞大舰队。

8月24日,哈尔西率领第3舰队开始了攻占加罗林群岛的战斗,在很短的时间内就歼灭日机480架,击沉敌舰船100余舰,取得了决定性胜利。鉴于

走进科学的殿堂

这种形势，美军决定不等攻占加罗林群岛的战役结束，就开始对菲律宾的进攻。于是，哈尔西的第 3 舰队又开赴菲律宾战场，对登陆美军实施直接支援。战斗中，哈尔西的第 3 舰队共击沉敌舰船 140 余艘，击伤 240 余艘，击毁敌机 1200 余架。

1944 年 10 月，由尼米兹控制的哈尔西第 3 舰队和由麦克阿瑟指挥的金凯德第 7 舰队进入菲律宾海域，在莱特岛登陆，开始了攻占菲律宾的战斗。日本舰队为反击美军而编组为南方舰队、中央舰队和北方舰队。哈尔西亲率 3 支特混舰队封锁圣贝纳迪诺海峡。10 月 24 日，在接到中央舰队已经溃逃的不确情报后即决定攻击北方舰队的航空母舰，致使护航航空母舰特混舰队却遭到日本中央舰队的疯狂袭击。尽管哈尔西击沉北方舰队的 2 艘航空母舰，但哈尔西的指挥仍遭到激烈批评，但金和尼米兹都不以为然，总是以此役的战果为其辩解。哈尔西在菲律宾战役结束后荣获第 3 枚优异服务勋章。

海军将帅

1944 年 10 月，庞大的美国海军舰队准备进攻莱特岛

勇敢者的圣地——美国海军军官学校

莱特湾大海战之后,哈尔西曾短时间地把指挥权交给斯普鲁恩斯,直到1945年5月,他才重新又披挂上阵。有趣的是,他是在"密苏里"号战舰上开始自己的海军生涯的,而当他成为美国海军的五星上将时,他的旗舰碰巧也是一艘叫"密苏里"的战列舰,日本人就是在这艘舰上签署投降书的。

1945年后,哈尔西率部支援硫磺岛和冲绳岛的登陆。8月15日,日本宣布无条件投降。投降仪式于9月2日在哈尔西的旗舰"密苏里号"战列舰举行。两个月后,哈尔西率部回到旧金山。12月,哈尔西晋升为海军五星上将。

1945年9月2日,日本投降的签字仪式在停泊于日本东京湾的美国战列舰"密苏里"号上举行。这是当时日本外相重光葵(左二)、陆军参谋总长梅津美治郎(左六)登上美国"密苏里"号战舰,准备代表日本天皇签署投降书。

第二次世界大战结束,哈尔西回国时受到举国上下的热烈欢迎,他官升五星上将,并且也获得第4枚服务优异勋章。他希望能立即退休,

走进科学的殿堂

但却直到1947年4月1日才满足了他的愿望。1947年，哈尔西退役，并出版了《哈尔西海军上将的故事》。

　　1959年8月16日，哈尔西在美国旧金山逝世，享年76岁。毫无疑问，他是这个时代中最著名和最受爱戴的美国海军上将。诚如替他写传记的人所指出的：哈尔西上将的心灵代表美国海军的心灵，但他的精神却是历史性的领导精神。当他指挥第三舰队时，他不是把他的部下送入战斗，而是亲自领导他们进入战斗。

海军将帅

人文科技

科幻作家——海因莱因

罗伯特·安森·海因莱因，1907年7月7日生于密苏里州的巴特拉市，曾就读于密苏里大学，1925年进入安那波利斯海军学院学习，毕业后作为航空母舰和驱逐舰的士官在海军服役五年。1934年因病复员。他一度在加利福尼亚大学洛杉矶分校攻读物理。第二次世界大战期间，他在费城海军航空试验所任工程师。被誉为"美国现代科幻小说之父"、"美国科幻空前绝后的优秀作家"、"美国科幻黄金时代四大才子之一"。

海因莱因生于美国密苏里州，成长于堪萨斯市，是三位科幻巨人中惟一一位土生土长的美国人。这个环境虽然对他的作品有很多影响，他后来在写作和个人生活中却冲破了很多此时此地的价值和道德观。他参加了美国海军学院，于1929年以优异成

罗伯特·安森·海因莱因

走进科学的殿堂

绩毕业并在美国海军服役,被分发到美国第一艘航空母舰华盛顿号上服役。关于他第一次婚姻的记载不多。他 1932 年开始的第二任妻子莱斯琳·麦克唐纳是一个政治激进分子;据阿西莫夫回忆,海因莱因在此期间是一个"彻底的自由派"。1933—1934 年期间,他在 USSRoper 舰上服役,升至中尉,1934 年因肺结核退役。其后在漫长的住院治疗期间,他发明了水床,只是因为后来他在三本书中的详细描写失去了申请专利的机会。军队生活给了海因莱因第二重要的终身影响:他强烈相信忠诚、领导能力等与军人有关的品质。

人文科技

华盛顿号航空母舰

退役后,海因莱因在加州大学洛杉矶分校非正式地读了几个星期研究生的数学、物理课程,之后因为健康原因、政治计划、或者两者而罢

勇敢者的圣地——美国海军军官学校

休.[1]。之后他从事了一系列的职业，包括房地产和银矿，来维持生活。30年代前期，他参与了UptonSinclair的社会主义"结束加州贫困"（EPIC）运动。1934年，海因莱因为Sinclair失败的民主党加州州长竞选努力做了工作。他自己又于1938年亲自竞选加州议员，也以失败告终。在后来的岁月里，海因莱因对这个参与社会党活动的阶段讳莫如深，对自己的政治历史也是写得很隐讳。比如，1954年，他写道："很多美国人坚认麦卡锡开创了一个'恐怖统治'。你害怕了么？我没怕，虽然我有很多政治背景可比麦卡锡议员左多了"。

加州大学洛杉矶分校

海因莱因的科幻创作始于1939年，第一篇小说《生命线》刊登在《惊异》上。由于该杂志编辑坎贝尔的赏识，海因莱因的早期作品大多

发表在《惊异》上。这些早期作品大多属于他的"未来历史"系列，后来收集在《出卖月亮的人》（1950）、《地球青山》（1951）和《2100年起义》（1953）中。《梅瑟斯拉神的孩子们》（1943）和《天堂的孤儿们》（1963）两部长篇也属此系列。海因莱因在这些作品里展露了他的才华，他视未来为既成事实，在写作上避免冗长的陈述和解释，而是通过对话和行为，巧妙地把信息传递给读者。机敏而含蓄的描写，明快的行文，对人物的关注胜过对科技新玩意儿的兴趣，使他成为美国科幻小说"黄金时代"的四大才子之一。

二战期间，海因莱因为海军从事航海机械方面的工作，并拉了还年轻的阿西莫夫和L. SpraguedeCamp受雇于海军飞机工厂。1945年，战争进入尾声，海因莱因开始重估职业走向。广岛和长崎的原子弹爆炸、以及冷战的开始，驱动了他写关于政治的非小说作品。1947年起，他的短篇作品出现在《星期六晚邮报》及其它高价杂志上，而他的长篇则是一系列少年儿童科幻故事，如《伽利略号火箭飞船》（1947）、《太空军官候补生》（1948）、《红色的行星》（1949）、《星球人琼斯》（1953）、《星球兽》（1954）和《银河系的公民》（1957）。这些作品不仅吸引了青少年，而且拥有成年读者，一些评论家甚至认为这些是他的杰作。

1948年，海因莱因和第二任妻子莱斯琳离婚，1948年娶了第三任妻子佛基尼亚（吉妮）·海因莱因。她不但与海因莱因白头到老，而且还是他作品中很多聪明、极端独立的女性人物原型。1953－1954年期间，海因莱因夫妻做了一次环球旅行。这次旅行被他在《TrampRoyale》里描述，也为他有些关于太空旅行的小说（比如《PodkayneofMars》）提供了背景。阿西莫夫认为，海因莱因娶吉妮的同时，政治上突然向极右转弯。海氏夫妻1958年成立了"帕特里克亨利联盟"，1964年为BarryGoldwater竞选总统工作，而且海因莱因的书《TrampRoyale》中包括两大段对麦卡锡听证会的辩解。然而，这种大转弯的印象可能是由于传统的美国政治左右翼区分法不一定适用自由意志主义，加上海因莱因本人独出一格而且不愿意受拘于传统的意识形态定义（包括自由意志主义）。吉妮对丈夫的影响更明确见于文学和科学方面。她是他手稿的第一个读者，而且据说在工程方面比他还要强。

海因莱因最具轰动效应的作品——《异乡异客》

海因莱因最具轰动效应的作品是——《异乡异客》，在这部长达800页的小说里，作者叙述了一位来自火星的年轻的救世主式的人物史密斯在地球上了解到地球文明存在的危机之后，竭力传播火星的思想和哲理，最后却遭到与耶稣基督同样的命运。小说既抨击地球文明和清规戒律，又阐述了作者对社会文化各个领域的独特见

解，完全迎合了美国60年代反文化的潮流，故而深受大学生的推崇，甚至被视为嬉皮士的圣经。

总体来看，海因来因的作品具有以下一些特点：作家是一个优秀的故事结构者；其主人公都是美国式的，其小说是"美国梦"的一种表现；大量使用美国俚语和民间故事；注重美国传统，所谓"未来史"很大程度上是美国史；重视因果性和细节可信性。不足之处主要在于科学深度不够，此外其作品的主要思想带有军国主义倾向。

1970年以后，海因莱因经历了一系列的健康危机，间以努力工作。70年代初的一场腹膜炎，他养了两年多才恢复。但恢复之后他马上提笔写作《TimeEnoughforLove》（1973年）。他和吉妮穿越美国全国宣传献血，并第三次任世界科幻大会（密苏里堪萨斯城，1976）的嘉宾。1977年，他因为一根阻塞的心血管几乎中风，之后为此接受了最早的心脏搭桥手术之一。同年，他在美国国会两院特别委员会的听证会上以亲身经验作证空间技术的副产品对老年体弱者的帮助。术后，海因莱因的精力再次旺盛。从1980年到1988年五月八日因肺气肿和充血性心力衰竭于睡梦中去世，他共写了五部小说，最后还在组织早期材料写作第六部《WorldasMyth》。

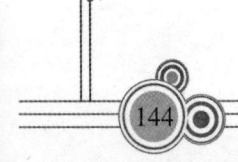

勇敢者的圣地——美国海军军官学校

征服速度之王——迈克尔逊

迈克尔逊，1852年12月19日出生于普鲁士斯特雷诺，一个犹太商人的儿子。童年随父母随居美国。受旧金山男子中学校长的引导，迈克尔逊对科学特别是光学和声学发生了兴趣，并展示了自己的实验才能。1869年，迈克尔逊进入位于马里兰州首府安纳波利斯的美国海军学院，并于1873年毕业。

进入海军学校，对有的年轻人而言，似乎是进入生活的保障区，再用不着像在中学阶段那样刻苦攻读；而迈克尔逊却抱着另外的想法，他迫切希望能利用在校的大好时光，学到更多的东西，为往后能成为一个科学家打下良好的基础。由于信念不同，迈克尔逊与他的同学在许多方面

阿尔伯特·亚伯拉罕·迈克尔逊

人文科技

145

也有着根本的区别,别的同学为考分攻读,他是为了积累知识;别的同学在玩乐嬉闹,他却在思考研究。进学校时,他与同学相差无几,4年后毕业的时候,在学业上,他与同学们相比,就显得鹤立鸡群了。因此,他刚毕业,就被聘为海军学校的教官。

在外人看来,迈克尔逊从前过着贫穷的生活,现在变成了教官,可以说在生活上不再有忧虑了,应该感到很满意了。的确如此,迈克尔逊没有去想温饱生活之类的事情。他当了教官以后,一刻也没有忘记自己要当一位科学家的愿望。可以说,他还很不满意自己的知识基础和学术

柏林大学

水平。早在海军学院工作时,由于航海的实际需要,他对光速的测定开

始感兴趣，并于1879年开始光速的测定工作。

　　为了能真正从事科学研究，迈克尔逊决心到国外去求学。1880—1882年，他被批准到欧洲攻读研究生，并先后到柏林大学、海德堡大学、法兰西学院学习。迈克尔逊在欧洲学习期间，不仅掌握了光学上的最新研究成果，而且还动手做了一些能体现光学前沿测试水平的研究。他一回到美国，就利用自己在欧洲学习和研究的基础，展开全面研究，真正开始步入科学研究的生涯。

　　迈克尔逊回到美国后不久，与纽科姆等人一起进行了那个长达两年多的测定光速的实验。此实验虽然花了两年多的时间，但迈克尔逊并不认为时间花得可惜，他只觉得已测定的数据还不够精确，还有必要进一步提高。

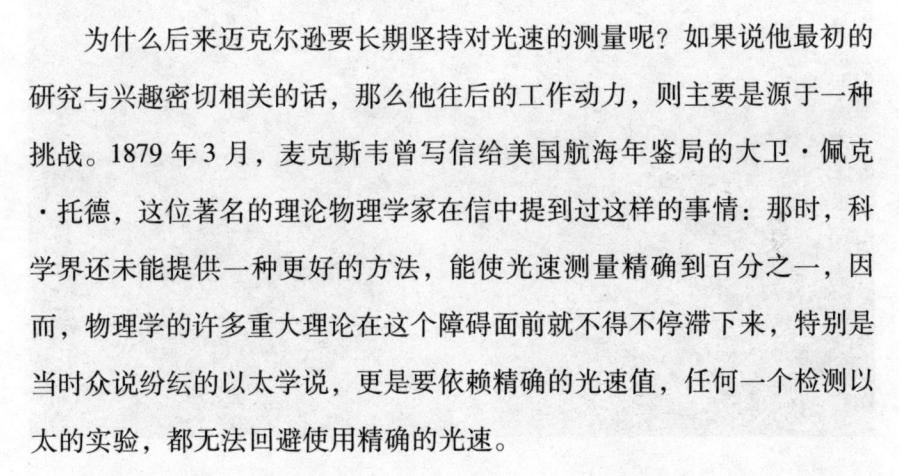

　　为什么后来迈克尔逊要长期坚持对光速的测量呢？如果说他最初的研究与兴趣密切相关的话，那么他往后的工作动力，则主要是源于一种挑战。1879年3月，麦克斯韦曾写信给美国航海年鉴局的大卫·佩克·托德，这位著名的理论物理学家在信中提到过这样的事情：那时，科学界还未能提供一种更好的方法，能使光速测量精确到百分之一，因而，物理学的许多重大理论在这个障碍面前就不得不停滞下来，特别是当时众说纷纭的以太学说，更是要依赖精确的光速值，任何一个检测以太的实验，都无法回避使用精确的光速。

　　迈克尔逊在光学测量中，硕果累累。同时，他因此也获得了崇高的社会荣誉，他荣获了美国和10个欧洲国家的许多学会的名誉会员称号，并获得美国和外国十所大学的科学和法律名誉学位。他担任过美国物理学会主席、美国科学促进会主席、美国科学院院长；除得物理诺贝尔奖

走进科学的殿堂

外，他还荣获过1904年意大利学会的马休斯奖章、1907年皇家学会的柯普利奖章、1912年富兰克林研究院的克雷逊奖章、1916年美国科学院的德雷珀奖章、1923年富兰克林研究院的富兰克林奖章和皇家天文学会的奖章，1929年获物理学会达德尔奖章。

迈克尔逊具有始终如一的工作精神，尽管他为自己的每一次研究成功和每一次获奖都感到高兴，但他从没有考虑过要利用这些东西去享受一番。他一生的享受只有一个标准：那就是工作，精益求精的工作。

迈克尔逊干涉仪

1929年，迈克尔逊获得了达得尔奖章后，他望着奖章看了很久很久，他预感到这是他一生中的最后一块奖章。忽而，他又想起母亲曾告

勇敢者的圣地——美国海军军官学校

诉他的事情，他的出生地是德国波兹南地区普鲁士省的斯特兹罗，他是在两岁的时候坐货轮到美国来的。他心中继而升起这样一个问题："我究竟是德国人还是美国人？"从法律上讲，他是美国人，从感情上说，他血管里流着普鲁士民族的血液。也许是他想得太久了，也许是他已经苍老，精力不济了，他头一歪，靠在椅子上睡着了，而且还不断地梦语道："我是美国人，还是德国人呢？"这时他的儿子接着他的梦语说："爸爸，您是德籍美国的物理学家。"

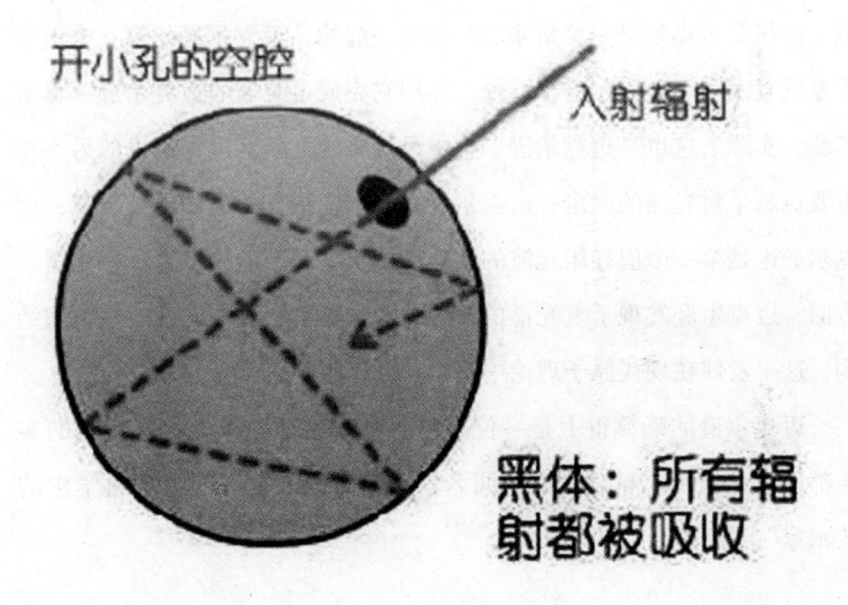

迈克尔逊—莫雷实验

迈克尔逊半睡半醒地说道："是呵，我是物理学家，我的生命是属于整个科学的。"

迈克尔逊生怕死神过早到来，赶紧开始设计新的实验装置，他设计

了一个长 1600 米、直径为 1 米的长筒，并把筒内的空气抽到只有六毫米汞高的压强，这样，便获得近似真空的光路环境。

然而，迈克尔逊由于过分劳累，没等他完成这项最后的实验，便于 1931 年 5 月 9 日因脑溢血于加利福尼亚州的帕萨迪纳逝世，终年 79 岁。

科学本是无止境的接力赛，迈克尔逊虽然自己未能亲手完成他最后设计的实验，但他在科学事业中自始至终、坚贞不渝，他无愧地完成了他一生的使命，他是举世公认的征服速度之王的英雄。

当人们怀念迈克尔逊，再次提到他的名字时，他的名字是和迈克尔逊干涉仪及迈克尔逊－莫雷实验联系在一起的，迈克尔逊的第一个重要贡献就是发明了迈克尔逊干涉仪，并用它完成了著名的迈克尔逊－莫雷实验，实际上这也是迈克尔逊一生中最重要的贡献；迈克尔逊的另一项重要贡献是对光速的测定；迈克尔逊在基本度量方面也作出了贡献；迈克尔逊也是第一个倡导用光波的波长作为长度基准的科学家；在光谱学方面，迈克尔逊发现了氢光谱的精细结构以及水银和铊光谱的超精细结构，这一发现在现代原子理论中起了重大作用。

迈克尔逊的确算得上是一位出色的实验物理学家，他所完成的实验都以设计精巧、精确度高而闻名，爱因斯坦曾赞誉他为"科学中的艺术家"。

群星灿烂

勇敢者的圣地——美国海军军官学校

首飞太空的少将——艾伦·谢泼德

艾伦·谢泼德少将，1923年11月8日出生于一个银行家家庭，美国海军军官学院的毕业生，美国第一位进入太空的宇航员。1944年，

第一个进入太空的美国人——艾伦·谢泼德

谢泼德在海军学院获得学位，二战期间还曾在太平洋上的"科格斯韦尔"号驱逐舰上服过役。

1961年5月5日，谢泼德做了一件美国航空史上具有划时代的意义的大事：从佛罗里达州的卡纳韦拉尔角升空，驾驶"自由7号水星"宇宙飞船进行了15分钟的绕地球轨道飞行，其中有5分钟是在真正的太空中度过的。飞船将他带到了185公里高的太空，随后降落到大西洋。

这一飞行是在人类首位进入太空的苏联宇航员加加林进入太空23天后进行的。谢泼德事后说："这只是婴儿学步的第一步，目的是为了今后有更大的和更好的进展。"8年以后，美国宇航员阿姆斯特朗印证了他的话。阿姆斯特朗成了世界上第一个登上月球的人，并自豪地宣布，这是"个人一小步，人类一大步"。

美国宇航员阿姆斯特朗

然而，就在美国的航天技术迅速发展之时，谢泼德却因影响平衡功能的内耳疾病离开航空事业近10年。直到1971年，他才终于作为"阿波罗14号"月球载人着陆器的飞行指令长登上月球。这次飞行还使他成了唯一一位在月球上打高尔夫球的人。当他挥动球杆将球击出时，小球在稀薄的月球大气中穿行，速度要比在地球上快得多。

勇敢者的圣地——美国海军军官学校

谈到这次经历，谢泼德说过一件趣事：当年他找到上司，说："我想在月球上打高尔夫球。"上司对他的回答是："谢泼德，15年来你尽给我找麻烦。"并拒绝了他的要求。但谢泼德最终还是实现了自己的意愿。

1974年，谢泼德以海军少将之职退役。1994年他和一位同事合作，出版了一本反映他宇航生涯的书。谢泼德是1959年美国航天航空局最初指定带美国进入太空时代的7名水星宇航员之一。他去世后，7人中仅剩4人留在人世。他们是：格伦、斯各特·卡彭特、戈登·库柏和沃尔特·西拉。

1998年7月22日晚，谢泼德在美国加州一座海滨城镇的医院因病辞世，终年74岁。

美国总统克林顿当天在白宫称谢泼德是美国"最伟大的宇航员"之一，并代表国家对谢泼德的"开拓性事业"表示感谢。他说："他的工作将永远在美国历史上占有重要地位，他是现代美国最伟大的英雄之一。"

关于谢泼德驾驶宇宙飞船绕地球轨道飞行这一历史成就的取得，我们不得不赞叹美国在航天方面的重视和取得的一系列的成就。

早在1961年5月25日，美国总统就发誓10年实现登月。事情源于苏联方面，苏联宇航员尤里·加加林乘坐"东方"号宇宙飞船成功航行的当天下午，美国总统肯尼迪召开了空间事务应

尤里·加加林

群星灿烂

急会议。研究了美国面对苏联的空间技术的挑战所应采取的对策。于是总统代表政府向国会宣布："在这10年内,将把一个美国人送上月球,并使他重返地面。"这就是20世纪著名的"阿波罗"登月工程。

阿波罗登月工程曾经有过三个登月方案。第一种是用大型火箭直接把飞船发射至月球轨道的"直接登月法";第二种是飞船分段送入地球轨道,再逐一对接后飞向月球的"地球轨道交会法";第三种是将飞船送入地球轨道,并推向月球的"月球轨道交会法。"第一种方案所需技术简单方便,容易控制,但需昂贵复杂的特大功率火箭。第二种方案虽不需大型火箭,但总发射费用并不低,而且交会次数过多,不易控制。第三种方案为宇航局工程师约翰·霍博特所提出。霍博特设想为用大型火箭把载有3名宇航员的飞船送入地球轨道,火箭脱离后,飞船依靠惯性飞入月球轨道。2名宇航员进入登月舱,然后脱离飞船指令舱。登月舱用制动火箭减速在月面降落。返回时启动登月舱的上升发动机,与飞船指令舱会合,宇航员返入指令舱后便抛弃登月舱,开动指令舱火箭,脱离月球轨道而进入地球轨道。再入大气层时,将指令舱后的服务舱抛弃,仅剩指令舱溅落在太平洋上。霍博特的设想最佳,登月方案便确定下来。

美国总统肯尼迪

勇敢者的圣地——美国海军军官学校

美国实施为载人登月做准备的"水星"计划,小艾伦·谢泼德才有幸成为美国的第一个太空人。

"水星"计划是由冯·布劳恩制订的载入登月的过渡性准备计划,它要与"双子星座"计划相衔接。经过一年多的前期试验后,于1961年5月进入载入试飞阶段。从1961年5月起的两年中,美国共发射6艘"水星"系列飞船。飞船由圆台形座舱和圆柱形伞舱组成是。总长约2.9米,最大直径1.8米,重约1.3至1.8吨,"水星"计划的主要目的是试验各系统的性能,考察失重对人体及工作能力的影响,及人对超重的忍耐力。飞船座舱可乘坐1名宇航名,设计最长飞行时间为2天。飞船依靠制动火箭返回大气层,下降到低时利用降落伞溅落在海面。

冯·布劳恩

"水星"的前两次飞行属绕地球不足一圈的亚轨道飞行。第一次是在1961年5月5日。驾驶飞船的是艾伦·谢泼德。美国的这次试验飞行,使用的是"水星"系列的"自由"号飞船,全部飞行时间为15分22秒,其中失重状态为5分4秒,飞行距离约480千米,飞船最后溅落在大西洋上。虽然艾伦·谢泼德的飞行时间和距离都很短暂,但他却是美国第一个进入太空的宇航员。小艾伦·谢泼德生于1923年11月18

群星灿烂

157

走进科学的殿堂

日，1944年毕业于美国海军学院，第二次世界大战期间在海军服役，1950年进入美国海军试飞员学校，毕业后加入美国193空军联队。1959年，谢泼德入选成为美国第一批宇航员。谢泼德这次飞行的最大成果是证明了飞船的结构和性能。谢泼德曾经因为耳疾一度停飞，手术治疗后重返太空。1971年1月31日他驾驶"阿波罗"14号飞船登上月球，1974年8月他以美国海军少将军衔退休。1995年4月11日～14日，这位美国宇航员应中国航空器材进出口总公司的邀请到中国访问。

"水星计划"的第二次飞行是在同年7月21日，格里索姆乘坐"自由钟"号飞船，再次在亚轨道飞行成功。格里索姆的任务是用手控系统来操纵滚动、偏航飞行，以试验飞行的稳定性。

自苏联人造卫星的发射成功以及苏联的加加林成为人类第一个太空人之后，使美国人深受刺激。美国人的在航天领域的落后使其在与苏联的全面竞赛中丢分。因此谢泼德的成功飞行，使他成为美国人的英雄。

勇敢者的圣地——美国海军军官学校

电脑巨富——罗斯·佩罗

IT业可以说是传奇人物的汇总处。许多人已经成为这个时代的偶像，然而更多的传奇人物却淹没在了IT业浩瀚的历史之中。其中，有一个独特人物仍值得人们关注，尽管现在他已经全然没有了IT美丽的面纱，而常常被人视为暴富的政治家。这个人就是罗斯·佩罗，他是IT史上最具传奇色彩的人物。

1930年6月27日，佩罗出生在得克萨斯的特克萨卡纳，在这里他度过了美好的童年时光，当然也充分体会了赚钱的痛苦和欢乐。6岁那年他就得到了一份特别的工作——驯马，雇主是他父亲，一匹马一美元。7岁，他挨家挨户卖花籽和圣诞卡，学到了永远也忘不掉的生意经。父亲

罗斯·佩罗

群星灿烂

是他最好的朋友，他们一起骑马。老佩罗做棉花经纪人，儿子坐在办公室里，学习如何公平地与客户打交道。

12岁那年，他找到一份卖报纸的工作。这份工作来之不易，当时报社已经没有空出的送报线路了，佩罗自告奋勇在一个危险的街区中再开辟一条送报线路。线路周围的居民多是贫穷、没有文化的黑人劳工，拉客户自然十分困难。报社就给他开了很高的价钱，每卖一份报纸可以提成17.5美元。他挨家挨户，礼貌地敲开每一家大门，说服人家订阅。每天早上3点半他就得起床，骑马来回12英里把报纸放到每一家的门廊前。他做得实在太成功了，每月可以赚30美元，实在是太多了，以致于报社想更改协议，降低提成。

14岁那年，他的父亲做肾脏手术，他要陪父亲一个星期。没

罗斯·佩罗

有合适的人代替，他只能劝顾客等他回来再订报。但令他惊讶的是，顾客让他把报纸留着，等他回来一起送去就行。这成了他一生中最感动的回忆之一。"你善待顾客，顾客永远也不会忘记你"。佩罗深刻地理解了服务的内涵，他说，这些商业教育，远比上哈佛商学院更好！

1949年，佩罗进入海军军官学校学习工程学，并且开始意识到自

己的领导潜能。在 925 名毕业生中，12 次表扬有 11 次他都名列前茅："我过去以为领导者都像历史书中读到的那些巨人。而我这样一个德克萨斯的驯马小孩、一个送报收集分类广告和瞎忙的小家伙现在也居然成了领导者。"1953 年，佩罗获理科学位，被任命为海军少尉。

佩罗一开始根本不知道 IBM 是什么，却很快成为 IBM 在美国西部销售额最高的人；佩罗并不倾心于计算机本身，却在 20 世纪 60 年代初富有远见地创办了 EDS（电子数据系统公司）这个全球最大的计算机服务公司；从小为了多挣一分钱而绞尽脑汁的罗斯·佩罗，一下子成了 80 年代 IT 业最富有的人之一。

1957 年，一个偶然改变了他的一生。一次他正在值班，一位 IBM 的高级主管上舰游览，他令人眼花缭乱的掌舵技术，使这位主管印象深刻。他问佩罗有没有兴趣到 IBM 进行一次面谈。"我周游了世界，去了 22 个国家，17 个海和洋，但这里的提升制度令人失望。我向往的环境是，不管你的资历，你做得越多，就可以获得越多。"

当时，正是小沃森从老沃森手中接过 IBM 的权杖，开始将重心移到计算机产品的时候。佩罗没有多少计算机知识，但他有操纵军舰仪器的经验，对那时的 IBM 来说，这一切已经足够了。

佩罗担任推销员，月工资 500 美元。IBM 总部在达拉斯，他和妻子把所有的家当堆上他们的二手车，直驶达拉斯。当时的 IBM 也像军队一样阶层繁多，唯一不同的是，IBM 根据雇员的表现给报酬。

在 IBM，佩罗如鱼得水。很快，他赚的钱比他的许多上级都多，于是上级就有意识地限制他的任务。佩罗干脆建议少给他支付些佣金。令他惊讶的是，公司居然真的采纳了建议，给他的提成只有其他人的

20%。结果，他仍然很快成为地区销售冠军。1962年1月19日，他已经完成了全年的销售定额。一年的活不到3周就干完了，对很多人来说，这种生活真舒服。但他讨厌闲逛，他想干更多的事。那年1月到6月，地区经理没有给他安排任何工作。他就重点思考这个新想法。佩罗热血沸腾，跑进IBM高层管理人员办公室，建议公司创造一个计算机服务部，他热情地请求："我可以负责这个部门，一定能够经营好"。可是他的想法没有得到任何回应。

后来，佩罗决定改变人生，离开IBM，创建自己的公司。

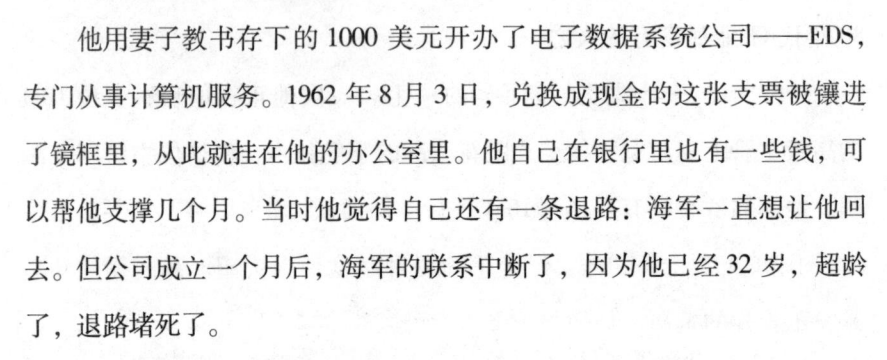

他用妻子教书存下的1000美元开办了电子数据系统公司——EDS，专门从事计算机服务。1962年8月3日，兑换成现金的这张支票被镶进了镜框里，从此就挂在他的办公室里。他自己在银行里也有一些钱，可以帮他支撑几个月。当时他觉得自己还有一条退路：海军一直想让他回去。但公司成立一个月后，海军的联系中断了，因为他已经32岁，超龄了，退路堵死了。

当时推销计算机服务实在是个新玩意，阻力可想而知。他联系的头77位顾客都直截了当地拒绝了。1962年10月，他联系的第78个客户终于有了突破。"这是一个转折点，当我完成这个项目后，我还完了所有的欠款，而且银行里有了10万美元。""有些人愿意冒险，有些人不，我想这就是区别。除了坚持，没有任何秘诀。不停地打电话推销……在大多数情况下，成功和失败的区别就是受到挫折时不放弃！"

由于佩罗是军人出身，前期的雇员很多都是退伍军人，他们都像佩罗一样，穿着整洁、精神抖擞，头发理得很短，胡子刮得精光，行动充满生气。

勇敢者的圣地——美国海军军官学校

EDS 成立初期，IBM 曾一度想把佩罗挤出生意场。他觉得很生气，但同时也觉得很受抬举，连潜在客户也认为，能让 IBM 如此大动干戈，EDS 一定有什么绝招。

EDS 的顾客名单迅速增加，它主要替这些公司和政府机构储存和处理信息数据，涉及到很多公司的工资发放、银行存贷款、保险公司投保及赔偿、医疗账单等内容。到了 1965 年之后，EDS 的业绩出现了飞跃。那一年，美国开始实施医疗保险制度，医疗数据处理软件供不应求。仅在 1965 年一年内，EDS 就获得了"蓝十字"保险公司在美国 11 个州的合同。1968 年，EDS 的产值已达 240 万美元，同年公司上市，一夜之间，佩罗的资产就超过 10 亿美元。《财富》杂志惊叹："佩罗的上市决定是美国财经历史上最伟大的一次'政变'。"

热忱的爱国者佩罗，将美国的国鸟白头鹰作为公司的象征，因此在 EDS 到处都可以看到白头鹰的存在。他希望美国继续保持超级大国的地位。他是一个绝对的资本主义者，信奉只有自由竞争才能为世界创造财富，推动社会前进。他大力反对平均主义，认为平均主义只会造就懒人。

佩罗最大的败笔也是载入史册的。1970 年，他受不住冲动和诱惑，去拯救有辉煌历史的华尔街 Dupont 公司。但是，他的得州文化与华尔街文化发生了严重的冲突，他对华尔街管理业务的方式大感震惊。华尔街的行政人员，也极力抗拒这个外来人，他们视佩罗为德州的乡巴佬。当 Dupont 公司 1974 年崩溃时，佩罗自然而然成了替罪羔羊，承担一切损失，数额至少 6000 万美元。

如今，IBM 的服务和软件业务已达 500 亿美元左右，但是它永远也夺不回因为短视而失去的市场。佩罗这样的人是不可阻挡的，EDS 的势

群星灿烂

163

头也是不可抑止的。但到了 1973 年，经济萧条使股票不振，EDS 股票也跌到每股 15 美元。

1977 年，EDS 开办华盛顿办事处，开始向联邦政府大举进军。80 年代是佩罗最得意的时期，EDS 的客户从 1974 年的 47 家发展到 1980 年的 122 家。1982 年，公司取得了第一个百万美元的合同，赢得了 10 年 6.56 亿的竞标，为美国 47 个军事基地更新计算机系统，这是计算机业有史以来最大的单项合同。1983 年，公司又获得一份一年 4 亿美元的合同，使总收入达到 8 亿美元。1985 年，EDS 确立了世界上最大计算机服务公司的地位。

具有讽刺意味的是，佩罗本人对计算机的心理是既接受又排斥。这家伙对美国计算机化所做的工作比任何人都多，但他对计算机还是抱怨颇多。甚至，他拒绝知道他的社会保险号码，因为他认为自己是一个人而不是一个号码。"计算机不是灵丹妙药，它们只是一个物体。在这个国家，一个危险就是，人们经常把知识和数据混为一谈。"

除了是一个成功的企业家之外，佩罗还是一个人人皆知的爱国主义者，像《第一滴血》中的兰博一样，他亲自带领一个营救队去营救关押在伊朗的两名 EDS 人质，冒险生涯还延伸到老挝。

1992 年，正当共和党的布什和民主党的克林顿为总统席位角逐时，他打破了美国建国以来的传统，他用自己的钱成立了"改革党"，自己拿钱竞选自己。他就如同一匹黑马，代表无党派人士参加竞选。结果他的声威节节上升，几乎与布什、克林顿并驾齐驱……

佩罗购买了电视台数次半小时时段，为竞选向公众进行宣传。他雇用一些顾问来设计和制作广告，并为整个竞选运动策划广告战略。但

勇敢者的圣地——美国海军军官学校

是，随着竞选的不断展开，传媒对佩罗的指责越来越多，他被描述成一个自大的妄想狂，而且对任何事物都没有自己的观点和看法。佩罗很不习惯这样的批评，他在7月16日突然宣布退出竞选。但又在支持者的鼓励下，于10月1日宣布重新竞选。对于他的退出，他偏执地认定，中央情报局设下了阴谋，这次竞选佩罗赢得了19%的选票，是独立竞选人参加竞选以来取得的最好成绩。

竞选时，佩罗犯了一个不可原谅的"小错误"。在一次集会上，他把美国黑人称为"你们这些人"，从而得罪了听众，尤其是黑人听众。他们认为这个称呼带有种族歧视色彩。虽然佩罗先生的初衷并非如此，但是"你们这些人"这个用语的确意味着"我们"和"他们"的区分，由此导致的负面舆论粉碎了佩罗先生的总统梦。

乔布斯

虽然佩罗没能当选，但是，是他真正改变了选举的格局与结果。佩罗夺走了一些在80年代主要支持共和党的选票，导致当时执政的共和党总统落选。因此，后来无论是共和党领袖，还是民主党领袖，都极为关注第三党或无党派候选人。

政治生涯上失意的佩罗并没有气馁，他在自己的事业上投入更加多

的精力，决定继续创业。

一天，佩罗无意中在电视里看到刚被扫地出门的苹果公司创始人乔布斯畅谈正准备创办的 Next 公司的美妙前景，乔布斯的目标、理想和干劲一下子把他深深吸引住了。

佩罗亲自飞到加州硅谷，与乔布斯商谈。很快，佩罗投资 2000 万美元，占 16% 的股份，同时入主董事会。与乔布斯的合作也不错，既符合他对高等教育的兴趣，又满足了他投资 IT 业的愿望，毕竟，IT 业是他发家之地。此后，佩罗又一次成立了以自己名字命名的数据处理系统公司。有趣的是，这一次，佩罗以前的雇主、曾经拒绝过他建议的 IBM，邀请他共同开发美国价值 59 亿美元的数据管理市场。

1999 年 4 月，"佩罗系统公司"首次公开上市，一天之后，这家创办于 1988 年的公司的股票市值达到 36 亿美元。佩罗又赚了 14 亿美元。

对社会改革和政治更感兴趣的佩罗，开始将更多的精力投向 IT 之外。他逐渐冷落了这个日渐热闹的产业，这个产业也将更多的注意力投向一批新崛起的年轻人。佩罗开始沉淀到 IT 历史之中。但是，这个个性独特、意志坚定、富有干劲的传奇人物依然值得人们回忆。IT 业失去这样一位人物，必然少去了许多精彩。

人们将会永远记住这个传奇的人物和关于他的故事。罗斯·佩罗不仅喜欢著书立说，还频频在电视上露面。有时看起来象慢条斯理的大学教授，有时则像一个善辩的鼓动家，煽动人们对现状的不满。虽然，最终没能创造奇迹，却已创造出不属于美国两党的第三股力量。他从不停止追求新目标，正象他儿子所说："许多人爬一座山就放弃了，但我老爸如果没有挑战，他会觉得不自在。"

勇敢者的圣地——美国海军军官学校

海军篮球球星——大卫·罗宾逊

大卫·罗宾逊，1965年8月6日出生，身高2米16，1990年获NBA最佳新人称号，4次入选NBA最佳阵容和最佳防守阵容，1995年获美国男子职业篮球联赛最有价值球员（NBAMVP）奖，1992年和1996年入选美国梦之队和梦三队，获2枚奥运会金牌。是速度最快，暴发力最强和最为灵活的篮球巨人之一。

罗宾逊出生在佛罗里达的基韦斯特，从小受到良好的家庭和学校教育。高中毕业后，他参加了海军，在海军学院的数学专业学习。在海军学院学习期间，他的身高增加了18厘米，并被评为1987年的全美大学最佳篮球选手。

他是海军学院篮球历史上最

大卫·罗宾逊

出色的球员。在刚加入球队时，作为一名6尺4寸缺少经验的新人，他平均每场得到7.6分和4.0个篮板，但他在海军学院期间长高了7英寸，并开始变得威力巨大。在三年级的时候，他平均每场得到22.7分（比二年级时的23.6分略有下降），并在NCAA的篮板排行榜上以13.0个排名第一，还创造了平均每场5.91次盖帽的NCAA分区I的纪录。他在那个赛季的一场比赛中单场有14次盖帽，这也同时创造了学院的一项新纪录，而那个赛季总共207次的盖帽数也是学校历史上的最高纪录。

便装的海军上将——大卫·罗宾逊

在四年级的时候，他平均每场得到28.2分，11.8个篮板以及4.50次盖帽，这也使得他毫无争议的赢得了当年的最佳球员的称号。在他代表学校参加的最后一场NCAA比赛中，罗宾逊得到了50分，不过球队还是输给了密歇根大学。

　　1987年大学毕业后，他被圣安东尼奥马刺队在NBA选秀大会上以第一轮第一位选中，但是他坚持服完两年兵役后才到马刺队报到，为此他得到了自己的绰号"海军中尉"。但后来随着他在马刺队的地位和作用越来越重要，现在球迷已经将他的官衔晋升到"海军上将"。罗宾逊是一位左手投篮型中锋。他不仅可以在篮下强攻，而且也可以在外围远投，特别是他参加快攻时的跟进扣篮和空中补篮，让人防不胜防。总之，他在技术和身体能力两方面都十分出色、全面，是位超级中锋。他还代表美国奥运男篮参加了1988年的奥运会，并取得了一枚铜牌。这也是美国篮球历史上最后一次以全部的非职业球员来参加奥运会。

　　1990年，罗宾逊在加入NBA的第一年就被评为NBA最佳新人。1990—1996年，他5次当选对全队贡献最大的运动员称号，1991、1992、1995和1996年，他四次入选NBA最佳阵容和最佳防守阵容。1992年，他被评为NBA最佳防守队员。1995年他带领马刺队取得62胜20负的西部最佳成绩，并于同年当选NBA最有价值球员。1992和1996年，他2次选入美国男篮梦之队，夺得2枚奥运会金牌。1996—1997

大卫·罗宾逊的漫画像

走进科学的殿堂

赛季，罗宾逊有脚伤只出场10次，这严重影响了马刺队未进入复赛，这足见罗宾逊在全队中的重要地位和作用。虽然那个赛季马刺的战绩不佳，却因祸得福，那一年，马刺顺利抽中了状元签，并选中了影响到罗宾逊职业生涯的蒂姆·邓肯。

1998，拥有罗宾逊和邓肯的马刺队在1999年横扫NBA，"双塔"成为NBA史上最著名的组合之一，如果2000年能再次夺冠，"双塔"将建立一个新的王朝。可是罗宾逊没能创造历史，但他将手中的权杖交给了之后在NBA带领马刺三夺总冠军的"石佛"邓肯，这只马刺队也打上了"石佛"的烙印，但人们永远不会忘记这位"海军上将"为球队所做的一切。

2002—2003赛季，NBA常规赛冠军马刺队中锋大卫·罗宾逊当地时间4月21日获得了由职业篮球记者协会每年评选出的2003年J·沃尔特·肯尼迪市民奖。肯尼迪市民奖是以NBA第2任总裁J·沃尔特·肯尼迪的名字命名的，是为了表现为社会服务做出杰出贡献的NBA球员或教练。罗宾逊已经捐助900万美元建立了独立卡弗学院，这是为了在圣安东尼奥地区的低收入非裔美国人的子女上

邓肯

群星灿烂

勇敢者的圣地——美国海军军官学校

学准备的，此外罗宾逊是卡弗学院的主要投资人并担任校董事会主席。罗宾逊是未来的篮球名人堂成员，本赛季结束后将宣布退役，他还和马刺队一起提供50套季票给球迷。以前的肯尼迪市民奖获得者有朱里叶斯·艾尔文、乔·杜马斯、鲍伯·拉内尔、戴夫·宾、阿列克斯·因格里什、史蒂夫·史密斯、迪肯贝·穆托姆博、布莱恩·格兰特和阿伦佐·莫宁。并于2009年入选NBA名人堂。

大卫·罗宾逊

也许通过人们单纯的说并不具有信服力，只有通过下面的数据才会让我们真正认识大卫·罗宾逊这位名副其实的篮球明星。

荣获1995年NBA"最有价值球员"称号。

荣获1992年NBA"最佳防守球员"称号。

荣获1990年NBA"最佳新秀"称号。

1991年，获得NBA"篮板王"（平

海军上将——大卫·罗宾逊

群星灿烂

均每场篮板列 NBA 第 1 位）；1992 年获得"盖帽王"；1994 年，获得"得分王"；成为自贾巴尔后 NBA 历史上第二位获得这三项头衔的球员。

获得 2001 年 NBA "体育精神"奖。

4 次入选 NBA "最佳阵容"（1991、1992、1995、1996 年）；2 次入选 NBA "第二阵容"（1994、1998 年）；3 次入选 NBA "第三阵容"（1990、1993、2000 年）。

4 次入选 NBA "最佳防守阵容"（1991、1992、1995、1996 年）；4 次入选 NBA "第二防守阵容"（1990、1993、1994、1998 年）。

成为 NBA 历史上第一位球员——前 7 个赛季均进入 NBA "最佳阵容"和"最佳防守阵容"10 次入选 NBA "全明星阵容"。

"NBA 历史上最伟大的 50 名球星"之一。

出场次数、篮板、盖帽、助攻、投篮命中数、投篮数，均列马刺队历史第 1 位；罚球数、罚球命中数，列马刺队历史第 2 位。

15 次荣获"本周最佳球员"称号；4 次荣获"本月最佳球员"称号。

美国历史上惟一一名参加过 3 届奥运会的球员——1988 年（铜牌）、1992 年（金牌）和 1996 年奥运会（金牌）。